Veronika Pichl

MEAL PREP zum Abnehmen

Gesunde Mahlzeiten zum Vorbereiten und Mitnehmen

riva

Bibliografische Information der Deutschen Nationalbibliothek
Die Deutsche Nationalbibliothek verzeichnet diese Publikation in der Deutschen Nationalbibliografie.
Detaillierte bibliografische Daten sind im Internet über https://dnb.de abrufbar.

Für Fragen und Anregungen
info@m-vg.de

Wichtige Hinweise
Dieses Buch ist für Lernzwecke gedacht. Es stellt keinen Ersatz für eine individuelle medizinische Beratung dar und sollte auch nicht als solcher benutzt werden. Wenn Sie medizinischen Rat einholen wollen, konsultieren Sie bitte einen qualifizierten Arzt. Der Verlag und die Autorin haften für keine nachteiligen Auswirkungen, die in einem direkten oder indirekten Zusammenhang mit den Informationen stehen, die in diesem Buch enthalten sind.

Ausschließlich zum Zweck der besseren Lesbarkeit wurde auf eine genderspezifische Schreibweise sowie eine Mehrfachbezeichnung verzichtet. Alle personenbezogenen Bezeichnungen sind somit geschlechtsneutral zu verstehen.

Originalausgabe
8. Auflage 2026

Türkenstraße 89
80799 München
Tel.: 089 651285-0

Redaktion: Ulrike Reinen
Umschlaggestaltung: Manuela Amode
Umschlagabbildungen: Vorderseite: Jacob_09/Shutterstock.com, Kiian Oksana/Shutterstock.com, Ekaterina Kondratova/Shutterstock.com; Rückseite: La Pavla/Shutterstock.com, Nataliya Arzamasova/Shutterstock.com, Mateusz Gzik/Shutterstock.com
Satz: inpunkt[w]o, Wilnsdorf (www.inpunktwo.de)
Druck: Florjancic Tisk d.o.o., Slowenien
Printed in the EU

ISBN Print 978-3-7423-1264-8
ISBN E-Book (EPUB, Mobi) 978-3-7453-0958-4

Inhalt

Preppen Sie sich zur Traumfigur: abnehmen, genießen und Zeit sparen mit Meal Prep

Eine gesunde, ausgewogene Ernährung kommt zwischen Haushalt, Alltagsstress und den übrigen täglichen Verpflichtungen manchmal einfach zu kurz. Kein Wunder, schließlich ist es oft die bequemere Alternative, in der Mittagspause zu einem Gericht aus der Kantine oder zu einem Snack vom Bäcker zu greifen. Aber: Der Gesundheit tut diese Ernährungsweise damit keinen Gefallen. Und auch ein weiteres, für viele besonders wichtige Ziel rückt so in weite Ferne: endlich die Traumfigur erreichen. Zum Bedauern vieler gilt nämlich: Der Weg zur Traumfigur lässt sich nicht allein mit etwas mehr Bewegung ebnen. Und auch der regelmäßige Gang ins Fitnessstudio wird uns den gewünschten Bikini-Body nur bescheren, wenn noch eine weitere Veränderung stattfindet. Und zwar die auf unserem Teller!

Besser essen – sich besser fühlen

Oftmals steht dem Erreichen der Traumfigur der alltägliche Stress zwischen Beruf, Freunden, Haushalt, Hobbys und Familie im Weg. Allerdings leidet meist nicht nur die Gesundheit unter Stress, eventuellem Übergewicht und einer schnellen, »stressangepassten« Ernährung. Auch die Psyche wird aufgrund von Zeitmangel und der entsprechenden »Zwischendurch-Ernährung« beeinträchtigt, und zwar durch die stetige Unzufriedenheit mit dem eigenen Körper.

Doch was verschafft uns im Alltag mehr Zeit für eine gesunde Ernährung und hilft dabei, Ernährungsziele auch im Berufsalltag zu verfolgen, gute Vorsätze endlich in die Tat umzusetzen und den inneren Schweinehund zu überwinden? Die Antwort ist Meal Prep – das Planen, Vorkochen und Vorportionieren gesunder, abwechslungsreicher Gerichte.

Zeit sparen und endlich gesund essen dank Meal Prep

Meal Prep hilft dabei, bessere Ernährungsgewohnheiten zu entwickeln und sie außerdem auch im Alltag ohne großen Aufwand in die Tat umzusetzen. Die meisten Dinge gelingen besser, wenn wir sie planen und vorbereiten. Zwar müssen wir dafür etwas Zeit aufbringen, anschließend geht die Aufgabe aber gleich viel leichter und stressfreier von der Hand. Und genauso verhält es sich auch mit Meal Prep.

Planen wir einzelne Mahlzeiten im Voraus, kaufen also vorab die nötigen Zutaten ein und bereiten die Gerichte zu, gelingt das viel stressfreier als das hektische Einkaufen und Kochen nach Feierabend. Gleichzeitig fällt es leichter, den Überblick darüber zu behalten, *was und wie viel* wir essen – schließlich lassen sich Kaloriengehalt und Inhaltsstoffe bei selbst zubereiteten Mahlzeiten ganz leicht ermitteln. Aber es kommt noch besser: Bereiten wir Mahlzeiten gleich für mehrere Tage vor, muss nur ein Mal Zeit zum Einkaufen und Kochen aufgewendet werden – eine leckere, gesunde Mahlzeit steht trotzdem immer genau dann bereit, wenn der Hunger kommt. So liefern uns Meal-Prep-Mahlzeiten nicht nur ausreichend Energie und wertvolle Nährstoffe, sondern helfen auch dabei, eine Diät und die damit verbundenen Kalorienziele einzuhalten.

Abnehmen – wie funktioniert das eigentlich?

Etwas vereinfacht ausgedrückt, funktioniert Abnehmen nach einem einfachen Prinzip: *Es müssen täglich mehr Kalorien verbraucht als über die Nahrung aufgenommen werden.*

Wichtig ist zum Abnehmen demzufolge in erster Linie, dass sich die persönliche Energiebilanz im negativen Bereich bewegt – also weniger Energie aufgenommen als verbraucht wird. Ist das der Fall, hat das eine Gewichtsreduktion zur Folge.

Obwohl das Prinzip des Abnehmens also eigentlich relativ simpel ist, stellt es für viele Menschen dennoch eine eher unangenehme Wahrheit dar. Schließlich bedeutet es im Endeffekt nichts anderes als: Um abzunehmen muss entweder …

- die aufgenommene Kalorienmenge reduziert und/oder
- die verbrauchte Kalorienmenge erhöht werden.

Während sich eine Erhöhung der verbrauchten Kalorienmenge durch mehr Alltagsaktivität oder Sport zumindest teilweise realisieren lässt, meint eine Reduzierung der Menge aufgenommener Kalorien eine Änderung der Ernährungsgewohnheiten. Auf den ersten Blick scheinen beide Optionen für viele Menschen allerdings ziemlich unbequem zu sein:

Während sich mehr Sport und Bewegung oft nur schwer in den Alltag einbauen lassen, verbinden viele Menschen mit einer Ernährungsänderung unangenehme Gefühle. »Dann kann ich ja kaum noch etwas essen« ist der erste Gedanke vieler, wenn die Rede davon ist, die aufgenommene Kalorienmenge zu reduzieren.

Allerdings ist das nicht unbedingt richtig. Zweifellos kann die Menge der aufgenommenen Kalorien durch die altbekannte FdH-Methode (»Friss die Hälfte«) und damit durch das Halbieren der gewohnten Mahlzeiten umgesetzt werden. Sinnvoller ist es jedoch, altbekannte (eventuell ungesunde) Ernährungsgewohnheiten zu verbessern und anstatt zu einem *halben* Fertiggericht lieber zu einer frischen, gesunden und kalorienbewussten Mahlzeit zu greifen. Werden dabei auch noch Lebensmittel mit einer geringen Kaloriendichte verwendet, hat *eine ganze* selbst zubereitete Mahlzeit oder das frische Lebensmittel oft viel weniger Kalorien als die *halbe Portion* eines weniger frischen und gesunden Gerichts.

Grundvoraussetzung dafür, dass es durch eine Änderung der Ernährungsgewohnheiten auch mit dem Abnehmen klappt, ist allerdings die Kenntnis des eigenen Kalorienverbrauchs. Schließlich lässt sich nur so ermitteln, wie viele Kalorien täglich maximal über die Nahrung aufgenommen werden dürfen, um das aktuelle Gewicht zu halten oder zu reduzieren.

Wie viele Kalorien verbrauche ich?

Egal, welche Ernährungsform gewählt wird – um abzunehmen, ist die Kenntnis der eigenen Energiebilanz besonders wichtig. Um diese zu ermitteln, wird der eigene Energieverbrauch von der Summe der über die Nahrung aufgenommenen Energie subtrahiert. Im Ergebnis kann sich bei dieser Rechnung eine positive oder negative Energiebilanz ergeben:

- Eine positive Energiebilanz bedeutet einen Kalorienüberschuss. Es werden mehr Nahrungskalorien zugeführt als durch den Körper verbraucht. Die überschüssige Energie wird durch den Körper in Form von

Fett oder Muskeln gespeichert, und es findet eine Gewichtszunahme statt.
- Eine negative Energiebilanz hingegen bedeutet, dass weniger Energie aufgenommen als verbraucht wird. Um den Energiebedarf dennoch zu decken, greift der Körper auf seine Speicher (Fett oder Muskeln) zurück. Das hat eine Gewichtsabnahme zur Folge.

Doch wie lassen sich der eigene Kalorienverbrauch nun ausrechnen, die Energiebilanz ermitteln und die individuell richtige Kalorienmenge finden? Hierbei können die Ermittlung des Kalorien-Grundumsatzes sowie des Leistungsumsatzes weiterhelfen.

Grund- und Leistungsumsatz berechnen

Der Grundumsatz meint die Kalorienmenge, die durch den Körper bei völliger Ruhe und allein zur Aufrechterhaltung der lebenswichtigen Körperfunktion innerhalb eines Tages benötigt wird. Der Grundumsatz wird unter anderem von Faktoren wie Alter, Geschlecht, Gewicht und Größe beeinflusst. Nach der anerkannten Harris-Benedict-Formel wird der Grundumsatz folgendermaßen berechnet:

- Frauen: 655 + (9,6 × Körpergewicht in kg) + (1,8 × Körpergröße in cm) – (4,7 × Alter)
- Männer: 66,5 + (13,7 × Körpergewicht in kg) + (5,0 × Körpergröße in cm) – (6,8 × Alter)

Rechenbeispiel Grundumsatz:
Frau, 32 Jahre, 167 cm, 69 kg
655 + (9,6 x 69) + (1,8 x 167) - (4,7 x 32) = 1467,6 = 1468 kcal

Da jedoch kaum jemand seinen Tag in völliger Ruhe verbringt, liegt die Menge der tatsächlich verbrauchten Kalorien über der mit dem Grundumsatz ermittelten Kalorienmenge. Schließlich muss der Körper für alle täglichen Verrichtungen und Leistungen zusätzliche Energie aufbringen. Die Menge der pro Tag *tatsächlich* verbrauchten Kalorien wird darum auch Leistungsumsatz genannt.
Der Leistungsumsatz kann – mithilfe des errechneten Grundumsatzes – und anhand der eigenen körperlichen Aktivität berechnet werden:

Verschiedenen Aktivitätsstufen wird hierzu ein sogenannter PAL-Wert zugeordnet:

Tätigkeit	PAL-Wert
schlafen	0,95
sitzen, liegen	1,2
überwiegend sitzende Tätigkeiten (Büroarbeit)	1,4–1,5
überwiegend sitzende Tätigkeiten, teilweise gehend (z. B. bei Schülern, Studenten)	1,6–1,7
hauptsächlich stehende Tätigkeiten (z. B. bei Kellnern, Verkäufern)	1,8–1,9
körperlich sehr anstrengende Tätigkeit (z. B. bei Sportlern, Bauarbeitern)	2,0–2,4

Der zur ausgeführten Tätigkeit passende PAL-Wert wird mit der Anzahl der Stunden, in denen die Tätigkeit ausgeführt wurde, multipliziert. Anschließend wird die Summe aller PAL-Tätigkeiten zusammengezählt und durch 24 dividiert. Die so ermittelte Zahl stellt den sogenannten »täglichen Faktor« dar. Der zuvor ermittelte Grundumsatz kann nun mit dem täglichen Faktor multipliziert werden. Das Ergebnis stellt den durchschnittlichen Gesamtenergiebedarf pro Tag dar.

Rechenbeispiel PAL-Wert/ Leistungsumsatz:
Frau, 32 Jahre, 167 cm, 69 kg, 1468 kcal Grundumsatz

Täglicher PAL-Faktor

8 Std. schlafen: 8 x 0,95 = 7,6

14 Std. überwiegend sitzende Tätigkeit: 14 x 1,5 = 21

3 Std. hauptsächlich stehende Tätigkeit: 3 x 1,9 = 5,7

7,6 + 21 + 5,7 = 34,3

34,3 : 24 = 1,43

Grundumsatz x PAL-Faktor = durchschnittlicher Gesamtenergiebedarf

1468 x 1,43 = 2099 kcal

Etwas leichter als mit der zugegebenermaßen recht komplizierten »manuellen« Berechnung gelingt die einfache Ermittlung des täglichen Gesamtkalorienbedarfs mithilfe eines Online-Kalorienrechners wie z. B. unter https://happyfitfood.de/kalorienbedarfrechner/.

Mit Kaloriendefizit zur erfolgreichen Abnahme

Ist der ganz persönliche Kalorienumsatz einmal ermittelt, steht dem Abnehmen eigentlich nichts mehr im Weg. Bleibt die täglich aufgenommene Kalorienmenge nämlich unter der Summe der täglich verbrauchten Kalorien, stellen sich auch die Abnehmerfolge ein.

Welches Kaloriendefizit ist sinnvoll, um gesund abzunehmen, und was passiert, wenn das geplante Defizit einmal nicht eingehalten wird?

Was die Höhe des einzuhaltenden Kaloriendefizits angeht, lässt sich Folgendes sagen: Prinzipiell stellen sich Abnehmerfolge immer dann ein, wenn mehr Kalorien verbraucht als aufgenommen werden – wenn ein Kaloriendefizit also überhaupt erreicht wird. Je größer das Kaloriendefizit dabei ist, desto schneller purzeln die Pfunde. Ist die aufgenommene Kalorienmenge jedoch sehr gering, klappt es zwar mit dem Abnehmen besonders schnell. Allerdings fällt es auch viel schwerer, die Diät durchzuhalten, und eine Mangelernährung wird außerdem wahrscheinlicher. Dementsprechend ist es sinnvoll, ein Kaloriendefizit von etwa 500 Kalorien zu wählen. So wird die Diät für längere Zeit durchhaltbar und eine ausgewogene Ernährung ist dennoch möglich.

Was passiert, wenn es einmal nicht mit dem angestrebten Kaloriendefizit klappt?

Schließlich kann es auch bei noch so leckeren und abwechslungsreichen Meal-Prep-Rezepten einmal vorkommen, dass uns der Sinn nach auswärts essen steht oder wir am Wochenende zu einer Geburtstagsparty eingeladen sind. Erfreulicherweise macht es unsere Diätpläne nicht gleich zunichte, wenn wir uns einen gelegentlichen Restaurantbesuch oder ein Stück Torte gönnen. Halten wir uns nämlich prinzipiell an unseren Kalorienplan und bewegt sich unsere Kalorienbilanz im negativen Bereich (wird also ein Kaloriendefizit erreicht), »zerstört« auch ein Tag in der Woche, an dem wir beispielsweise auswärts essen, unsere Diäterfolge nicht.

Cheat Day

Das Konzept des »Cheat Days« (übersetzt »Schummeltag«) setzt darauf, dass beispielsweise an 6 Tagen pro Woche eine negative Energiebilanz erreicht wird. Am 7. Tag dürfen dann auch mal Fast Food und Süßigkeiten verzehrt werden, ohne genau auf die Kalorien zu achten. Der Gedanke dahinter: Ist das Kaloriendefizit an 6 Tagen pro Woche groß genug, kann auch eine neutrale oder positive Energiebilanz an einem Tag in der Woche dieses Defizit nicht mehr ausgleichen.

Durch eine dauerhafte Kalorienrestriktion kann unser Grundumsatz allerdings sinken. Der Körper passt sich mit der Zeit an, und das kann das Abnehmen erschweren. Durch einen Cheat Day lässt der Körper die Fettverbrennung auf Hochtouren laufen; er erkennt, dass er sich nicht in einer Hungersnot befindet, und nicht zuletzt ist es für die Psyche und das Durchhaltevermögen gut zu wissen, dass nichts verboten ist und man sich auch mal nicht so gesunde und eher kalorienreiche Lieblingsspeisen gönnen darf. Der Cheat Day ist aber für eine erfolgreiche Abnahme selbstverständlich kein Muss. Durch unsere Meal-Prep-Wochenpläne mit abwechslungsreichen Rezepten für 5 Arbeitstage zu je 5 Mahlzeiten und ca. 1400 kcal pro Tag behalten Sie Ihre Kalorienziele gerade in der stressigen Arbeitswoche gut im Blick. Doch wie funktioniert Meal Prep eigentlich in der Praxis?

Unser Meal-Prep-Einmaleins

Meal Prep ist die ideale Methode, um einen gesunden, bewussten Ernährungsstil zu leben, und reduziert gleichzeitig Kochstress und Küchenchaos. Ein paar einfache Tipps erleichtern dabei den Einstieg. Doch keine Angst: Als Meal-Prep-Anfänger muss niemand Unsummen in geeignete Gefäße, Boxen oder unbekannte Lebensmittel und Zutaten investieren. Am besten klappt der Start mit Meal Prep, wenn man das »Abenteuer« langsam und stressfrei angeht.

Mit Meal Prep durchstarten – so klappt's

Einen Meal-Prep-Tag auswählen

Es ist auf jeden Fall gerade am Anfang sinnvoll, einen Tag für die Essensvorbereitung auszuwählen, an dem etwas mehr Freizeit zur Verfügung steht. Viele Meal-Prep-Fans bevorzugen darum das Wochenende dafür. Nicht von Erfolg gekrönt ist meist der Versuch, Meal Prep an einem stressigen Arbeitstag in den ohnehin schon vollen Zeitplan zu »quetschen«. Das wirkt oft demotivierend und lässt die Koch-Lust schnell schwinden.

Besser ist es darum, ein oder zwei entspanntere Tage auszuwählen. In unseren Wochenplänen wird am Samstag eingekauft und am Sonntag gepreppt. Sie können das natürlich an Ihre eigenen Bedürfnisse anpassen.

Verantwortungsvolles Einkaufen

Mit den Bedarfslisten der Wochenpläne unterstützen wir Sie dabei, nicht einfach irgendetwas zu kaufen und viel verantwortungsvoller mit Nahrungsmitteln umzugehen. Schließlich gilt: Landet nur das im Korb, was auch wirklich gegessen wird, müssen später weniger bzw. keine Lebensmittel weggeworfen werden.
Die meisten Meal-Prep-Lebensmittel bekommen Sie einfach und unkompliziert im Supermarkt. Auch auf einem Wochenmarkt lassen sich in dem frischen regionalen Obst- und Gemüseangebot viele tolle Meal-Prep-Zutaten finden. Vorbeischauen lohnt sich darum auch hier.

Die richtigen Meal-Prep-Behälter

Klar, wer mit Meal Prep startet, braucht zu Beginn kein umfangreiches Sammelsurium an Boxen und Gefäßen. Wer den Spaß am Vorbereiten aber erst einmal entdeckt hat, wird die praktischen Vorteile passender Boxen, Dosen und Gläser schnell nicht mehr missen wollen – die machen das Ganze nämlich noch mal komfortabler!

Obwohl am Anfang eine klassische Lunchbox aus Plastik oder sogar ein ausgedienter Speiseeisbehälter völlig ausreichend sind, um Mahlzeiten portioniert aufzubewahren, sind mikrowellengeeignete Gefäße, die sich bestenfalls auch noch platzsparend in Kühlschrank oder Tiefkühler stapeln lassen, natürlich besser und praktischer.

Gut geeignet sind hierfür Gefäße aus Glas, da sie weder im Kühlschrank noch in der Mikrowelle Schaden nehmen. Allerdings sind sie aufgrund ihres Eigengewichts und der durchaus vorhandenen Bruchgefahr nicht unbedingt ideal für den Transport. Wer seine vorbereiteten Mahlzeiten also öfter auch unterwegs genießen möchte, sollte besser auf tiefkühl- und mikrowellengeeignete Plastikgefäße setzen.

Übrigens: Für Meal-Prep-Profis gibt es auch spezielle Boxen, in denen verschiedene Lebensmittel in getrennten Fächern aufbewahrt werden. So kann man beispielsweise Salat und Putenbrust erst dann mischen, wenn man das Gericht auch verzehren möchte.

Tipp: Auch Silikon-Muffinförmchen eignen sich sehr gut zum Abtrennen von verschiedenen Gerichtkomponenten.

Selbstverständlich muss es nicht immer gleich eine Profi-Box sein – sinnvoll ist aber auf jeden Fall, zusätzlich kleine Boxen oder verschließbare Glasgefäße griffbereit zu haben, um beispielsweise Dressing oder Saucen getrennt von anderen Zutaten aufbewahren oder mitnehmen zu können.

Richtig aufbewahren

Natürlich sind auch Meal-Prep-Gerichte nicht ewig haltbar. Gut gekühlt können die zubereiteten Mahlzeiten meist einige Tage aufbewahrt werden.

Sie sollten jedoch unbedingt darauf achten, Lebensmittel nicht zu lange im Warmen stehen zu lassen und sie möglichst bald nach der Zubereitung (wichtig: vorher komplett auskühlen lassen) im Kühlschrank zu lagern – so haben Schimmel und Krankheitserreger kaum Chancen.

Als Regel gilt: Gerichte aus gekochten oder gebratenen Lebensmitteln können meist problemlos drei bis vier Tage im Kühlschrank aufbewahrt werden (Ausnahme: Fisch!). Für eine noch längere Haltbarkeit empfiehlt es sich, sie einzufrieren. Gerichte aus frischen, rohen Lebensmitteln sollten hingegen zeitnah innerhalb von zwei bis drei Tagen nach ihrer Zubereitung verzehrt werden. Zum Einfrieren sind diese Gerichte meist weniger gut geeignet.

Besonders gut einfrieren lassen sich:

- Fleisch
- Eintöpfe und Aufläufe
- Brot
- Reis
- Früchte und Gemüse: Bananen, Beeren, Spargel, Bohnen, Mais und Tomaten
- Früchte und Gemüse (am besten in Stücken): Avocado, Ananas, Mango, Erbsen, Karotten, Blumenkohl und Brokkoli
- Kräuter

Weniger gut einfrieren lassen sich:

- Milchprodukte
- gekochte, nicht pürierte Kartoffeln
- Früchte und Gemüse mit hohem Wasseranteil

Was hält sich wie lange?

Die folgende Tabelle gibt Ihnen einen Anhaltspunkt dafür, wie lange Sie vorbereitete Speisen im Kühlschrank oder in der Tiefkühltruhe aufbewahren können.

Lebensmittel	Hält sich im Kühlschrank für …	Hält sich im Gefrierfach für …
Gekochte / gebratene Fleischprodukte	3–5 Tage	4–6 Monate
Eintöpfe oder Suppen	3–4 Tage	2–3 Monate
Gekochte / gebratene Geflügelprodukte	3–4 Tage	4–6 Monate
Gekochte / gebratene Fischgerichte	1–2 Tage	4–6 Monate
Hart gekochte Eier	1 –2 Wochen	Einfrieren nicht empfohlen
Brot / Brötchen		4–6 Monate

Diese Tabelle enthält Richtwerte, die variieren können. Gerade beim Einfrieren ist es gut möglich, dass sich das Gericht noch viel länger hält. Allerdings kann es durch eine lange Gefrierzeit eventuell etwas an Geschmack verlieren.

Tipps zum Einfrieren

- Mahlzeiten, die im Ofen zubereitet werden, frieren Sie am besten in Glas- oder Aluminiumbehältern ein, so können sie vom Gefrierfach direkt in den Ofen wandern.
- Soll etwas nur kurze Zeit eingefroren werden, können Sie es auch in Plastikfolie verpacken.

- Mahlzeiten, die für längere Zeit eingefroren werden sollen, sind am besten in Alufolie oder speziellen Gefrierbeuteln aufgehoben.
- Lagern Sie frische Gerichte im hinteren Teil des Gefrierfachs – so rücken ältere Gerichte nach vorne und geraten nicht in Vergessenheit.
- Die vorbereitete Mahlzeit mit Einfrierdatum und Inhalt beschriften, z. B. mithilfe von abziehbaren Etiketten – so ist immer klar, was in dem Behälter oder Beutel steckt, und die maximale Einfrierdauer wird nicht überschritten.
- Warme Speisen vor dem Einfrieren erst vollständig abkühlen lassen.
- Frieren Sie Speisen vorzugsweise bereits portioniert ein; so können Sie dann nur das auftauen, was Sie brauchen.

Tipps zum Auftauen

- Gefrorene Gerichte, die im Topf zubereitet werden, antauen lassen. So passt die Portion besser in den Topf und gart gleichmäßig.
- Gerichte, die im Ofen zubereitet werden, müssen nicht zwingend aufgetaut werden, bevor sie in den Ofen wandern. Zur Sicherheit sollte der Garprozess jedoch beobachtet und die Garzeit eventuell entsprechend verlängert werden.
- Gefrorene Lebensmittel nicht bei Zimmertemperatur, sondern über Nacht im Kühlschrank oder alternativ in der Mikrowelle auftauen lassen.

Extratipp: Avocadohälften aufbewahren

Wenn eine Avocadohälfte nicht verwendet wird, bewahren Sie diese am besten auf, ohne den Kern zu entfernen. Träufeln Sie noch etwas Zitronensaft über das Fruchtfleisch, bedecken Sie die Avocado mit Frischhaltefolie und lagern sie im Kühlschrank.

Auf das Schichten kommt es an!

Wer frisches Obst und Gemüse verarbeitet, sollte beim Portionieren in Glas oder Box anders vorgehen als beim Anrichten auf dem Teller! Ansonsten wird das Gericht schnell matschig und unansehnlich. Darum gilt: Dressing kommt grundsätzlich ganz nach unten. Dann dürfen Zutaten hinein, die wenig Flüssigkeit abgeben (Kartoffeln, Hülsenfrüchte). Erst danach folgen frisches Obst, Gemüse oder Salat.

Die Zusammenstellung der Mahlzeiten

Jeder hat natürlich andere Ernährungsziele. Sportler wollen sich möglicherweise sehr proteinreich oder auch kohlenhydratreich ernähren – beim Abnehmen liegt der Fokus eher auf der Portionsgröße oder der Menge an Kalorien oder Kohlenhydraten. Flexitarier essen hauptsächlich vegetarisch und nur sehr wenig und bewusst Fleisch und Fisch.

Hier finden Sie einen groben Überblick über Meal-Prep-Nahrungsmittel für eine ausgewogene Ernährung mit den drei Makronährstoffen Protein, Kohlenhydrate und Fette. Daraus lassen sich vielfältige Kombinationen passend zu Ihrem persönlichen Ernährungsziel zusammenstellen.

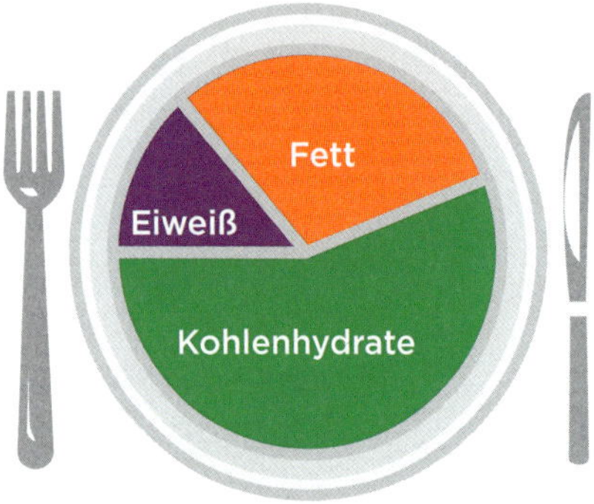

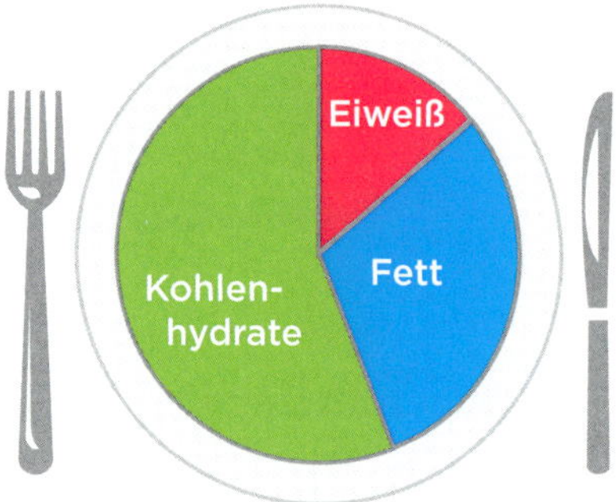

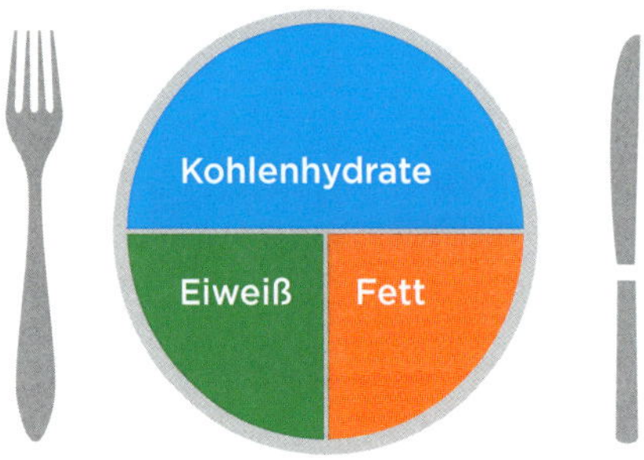

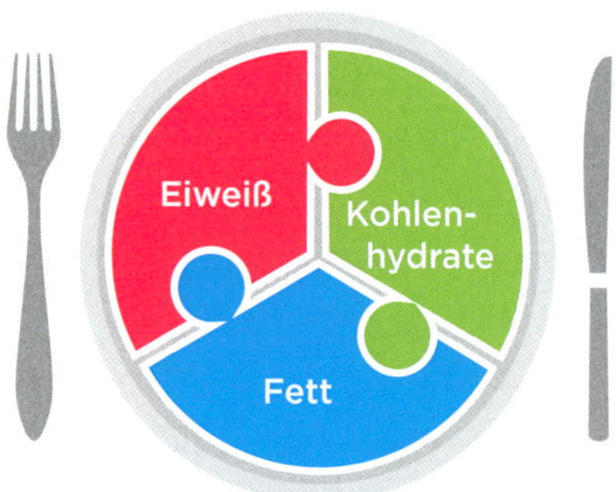

Protein

von Tieren:

- Fleisch (Schwein, Rind, Pute, Hähnchen)
- Wurst (Schinken …)
- Fisch (Lachs, Thunfisch, Seelachs …)
- Krabben, Shrimps
- Eier
- Milchprodukte (Milch, Quark, Käse, Feta)

von Pflanzen:

- Bohnen (Kidney-, weiße Bohnen)
- Tofu
- Tempeh

Kohlenhydrate

Getreide:

- Mehl (Dinkel, Weizen ...)
- Brot, Semmeln
- Haferflocken
- Couscous, Bulgur
- Reis
- Nudeln

Alle Getreideprodukte möglichst als Vollkornprodukt verwenden. Enthält viele Ballaststoffe und sättigt dadurch länger.

Pseudo-Getreide:

- Buchweizen, Quinoa, Amarant
- Obst und Gemüse

Gesunde Fette

- Öle (Kokosöl, Olivenöl)
- Nüsse, Kerne und Saaten (Mandeln, Erdnüsse, Kürbiskerne, Sonnenblumenkerne ...)
- Nussbutter und -mus (Mandelmus, Erdnussbutter …)
- Nussmilch
- Avocado, Oliven
- Eigelb
- Käse

Praxisteil: Jetzt geht's los!

In diesem Abschnitt gebe ich Ihnen noch einige Praxistipps mit auf den Weg und zeige Ihnen dann in abwechslungsreichen Wochenplänen, wie lecker und einfach Abnehmen mit Meal Prep sein kann.

Tipps für Meal Prep in der Praxis

Grundzutaten auf Vorrat

Einige Grundzutaten sollten Sie bereits in Ihrer Küche vorrätig haben:

- Gewürze nach Belieben wie Salz, Pfeffer, Paprikapulver, Chilipulver oder -flocken, Currypulver, Zimt
- getrocknete Kräuter nach Belieben wie Kräuter der Provence, Oregano, Basilikum, Rosmarin
- Essig oder Apfelessig
- Öl, z. B. Olivenöl, Kokosöl
- Süßungsmittel nach Wahl, z. B. Honig, Agavendicksaft, Vollrohrzucker, Xylit, Erythrit
- Backpulver
- Vanillepulver

Behälter und Aufbewahrung

Machen Sie sich schon vorab Gedanken darüber, in welche Behälter Sie die Speisen füllen möchten. Sorgen Sie dafür, dass Einmachgläser und andere Küchenbehälter keine Rückstände enthalten, denn dadurch können heiß abgefüllte Speisen schneller verderben. Legen und stellen Sie sich Gefrierbeutel, Küchenbehälter, Gläser etc. griffbereit zurecht.

Kühlschrank oder Gefrierfach

Bitte beachten Sie die generellen Hinweise zur Aufbewahrung in Kühlschrank und Gefrierfach auf S. 18 durch. Bei jedem Rezept finden Sie auch noch die jeweils empfohlene Lagerfähigkeit. Überlegen Sie sich anhand des Plans, was Sie als Erstes essen möchten und darum nur im Kühlschrank lagern müssen und was Sie in die Gefriertruhe (falls vorhanden) geben sollten. Mit einem Gefrierfach kann man 5 Tage Meal Prep besser abdecken, Geschmack und Frische bleiben hier intensiver erhalten.

Wochenplanung im Griff

Machen Sie sich in Ihrem Kalender eine kurze Notiz, wann Sie z. B. eine Mahlzeit zum Auftauen aus dem Gefrierfach nehmen oder die Overnight Oats für den nächsten Tag ansetzen sollten. So sind Sie immer gut organisiert! Die Wochenplan-Übersichten geben Ihnen Auskunft darüber, falls noch ein paar Handgriffe zu erledigen sind.

Meal-Prep-Wochenpläne

Am Meal-Prep-Tag werden je **3 Mahlzeiten für 5 Tage in der Woche mit täglich rund 1400 kcal** zubereitet. Damit ist eine stressige 5-Tage-Arbeitswoche gut abgedeckt. Unter der Woche muss nicht mehr unter Zeitdruck gekocht werden, und man hat auch eine genaue Kontrolle über die Kalorienzufuhr. Tag 6 und 7 sind nicht verplant. Hier kann man z. B. am Wochenende frisch kochen, auch mal auswärts essen gehen oder einen Cheat Day (etwa bei einer Familienfeier oder einem Abend mit Freunden) einlegen.

Die Bedarfslisten zeigen Ihnen genau, was Sie für die Woche benötigen. Mit den detaillierten Ablaufplänen ist der Meal-Prep-Tag ganz einfach auszuführen. Sie bekommen so einen Blick für das Wesentliche, z. B. welche Vorbereitungen Sie zusammenlegen können – etwa Reis oder Quinoa kochen, während Sie das Frühstücksbrot vorbereiten und dann im Ofen backen. Welche Rezepte und Zutaten kann man gut kombinieren? Danach sollten Sie in der Lage sein, auch selbstständig mit den Rezepten aus diesem Buch neue Pläne zusammenzustellen. Dabei hilft Ihnen zudem die Rezeptübersicht am Ende des Praxisteils (ab S. 152). Unter www.gomealprep.com finden Sie als Ergänzung eine Wochenplan-Vorlage zum Ausfüllen für eigene Zusammenstellungen.

Die Mahlzeiten sind stets abwechslungsreich geplant. Unter der Woche sind dann meist nur noch ein paar letzte Handgriffe nötig, wie eine Banane zu schälen und für das Granola als Topping klein zu schneiden oder das Erwärmen der Mahlzeit.

Was nicht passt, wird passend gemacht

In den Plänen zeigen wir auch Rezepte mit Bulgur und Hirse. Probieren Sie einfach mal etwas Neues! Außerdem finden Sie in den Rezepten oft Tipps und Variationsmöglichkeiten. So können Sie die Mahlzeit nach Ihrem persönlichen Geschmack anpassen.

Sie benötigen eine höhere Kalorienzufuhr oder haben noch Hunger?

Die Pläne sind auf etwa 1400 kcal tägliche Kalorienzufuhr ausgelegt. Haben Sie ein höheres Kalorienziel oder Hunger zwischendurch? Dann können Sie sich von unseren Snack- und Rezeptideen ab S. 150 inspirieren lassen oder extra Mahlzeiten anhand der Rezeptliste mit Nährwerten (S. 152) hinzufügen.

Ich wünsche Ihnen viel Spaß beim Nachkochen der folgenden Pläne und viel Erfolg beim Abnehmen mit Meal Prep. Guten Appetit!

Zum Umgang mit diesem Buch

Beim Meal Prepping sind der Fantasie keine Grenzen gesetzt. Probieren Sie einfach etwas aus und entdecken Sie so Ihre persönlichen Lieblingsgerichte.
Zu jedem Rezept finden Sie Tipps zu Aufbewahrung und Kombinationen sowie die Angabe der Nährwerte:

- kcal steht für Kilokalorien,
- KH für Kohlenhydrate,
- P für Protein,
- F für Fett.

Im Praxisteil erwarten Sie unterschiedliche Meal-Prep-Pläne zum Nachmachen und als Anregung für eigene Zusammenstellungen.

Außerdem sind die Rezepte verschiedenen Kategorien zugeordnet, damit Sie immer sofort erkennen können, welches Gericht mit Fisch, Fleisch, vegetarisch, vegan oder glutenfrei ist. Mit den folgenden Symbolen sind sie übersichtlich gekennzeichnet:

Mit Fisch
Mit Fleisch
vegetarisch
vegan
glutenfrei

Glutenfrei: Bitte achten Sie bei Ihren Produkten immer auf das Etikett, besonders bei Schokolade, Käse, Gemüsebrühe, Kakaopulver, Gewürzen etc. Auch wenn diese Zutaten meist frei von Gluten sind, können von den Herstellern bestimmte Zusätze verwendet werden, die nicht glutenfrei sind.

Vegetarisch: Parmesan ist streng genommen nicht vegetarisch, da er aus tierischem Lab gewonnen wird. Die Rezepte auf S. 71 und S. 143, in denen Parmesan verwendet wird, sind als vegetarisch gekennzeichnet – wer auf diesen verzichten möchte, lässt ihn einfach weg oder ersetzt ihn durch eine vegetarische oder vegane Alternative.

WOCHENPLAN 1

Samstag Einkauf der Lebensmittel nach Bedarfsliste (S. 28)
Sonntag Meal-Prep-Tag

	Frühstück	Mittagessen	Abendessen
Montag	5 **Pancakes (S. 32)** mit 100 g Heidelbeeren und ½ Apfel Granny Smith	1 Portion **Gebratenes Lachsfilet (S. 33)** mit 1 Portion Reis (= 80 g roh) und **Blattspinatsalat (S. 35)**	1 Portion **Apfel-Spinat-Smoothie (S. 36)**

		Kurz vor dem Verzehr 1 Portion **Zitronen-Knoblauch-Dressing (S. 34)** über den Salat geben.	Zutaten für den Smoothie aus dem Kühlschrank/ Gefrierschrank nehmen und mit restlichen Zutaten mixen.
1373 kcal	***518 kcal / 60g KH / 32,6g P / 15,1g F***	***613 kcal / 61g KH / 9,3g P / 2,4g F***	***242 kcal / 51,4g KH / 4,6g P / 1g F***
Dienstag	5 **Pancakes (S. 32)** mit 1 Portion **Chiamarmelade (S. 37)** 	Spinat-Lachs-Reis-Terrine mit 1 Portion Spinat (= 100 g), 1 Portion Reis (= 80 g roh) und 1 Portion **Gebratenes Lachsfilet (S. 33)** in Stücken	2 Scheiben Vollkornbrot (à ca. 55 g), jeweils halbieren, mit insgesamt 1 Portion **Bohnen-Kräuter-Creme (S. 38)** bestreichen, 2 Kirschtomaten und 1 Stück Salatgurke in Scheiben schneiden, Brote damit belegen bzw. dazu essen.

		Gemüsebrühe (ca. 400 ml) vor dem Erwärmen hinzufügen.	
1386 kcal	***484 kcal / 45,2g KH / 33,3g P / 16,6g F***	***557 kcal / 63,2g KH / 38,6g P / 22,1g F***	***345 kcal / 57,6g KH / 12,9g P / 3,6g F***

	Frühstück	Mittagessen	Abendessen
Mittwoch	250 g Magerquark, 0,2 %, verrührt mit 1 EL Mineralwasser und 1 TL Agavendicksaft oder Süßungsmittel nach Wahl, 100 g Heidelbeeren (waschen und abtrocknen), 20 g gehobelte Mandeln	1 Portion **Quinoa-Taboulé (S. 39)** mit 1 Portion **Gebratenes Hähnchenbrustfilet (S. 42)**	1 Portion Gemüsesticks (= ½ rote und ½ gelbe Paprikaschote, ½ Stange Stangensellerie) mit 1 Portion **Bohnen-Kräuter-Creme (S. 38)**, 1 Scheibe Vollkornbrot (ca. 55 g)

1389 kcal	***349 kcal / 21,9 g KH / 34,3 g P / 12,2 g F***	***788 kcal / 81,8 g KH / 51,6 g P / 26,1 g F***	***252 kcal / 39 g KH / 10,4 g P / 3 g F***
Donnerstag	1 Scheibe Vollkornbrot (ca. 55 g) halbieren, jeweils mit Butter bestreichen und insgesamt 1 Portion **Chiamarmelade (S. 37)** auf beiden Hälften verteilen, 1 TL gehobelte Mandeln darüber streuen.	1 Portion **Quinoa-Taboulé (S. 39)** mit 1 Portion **Gebratenes Hähnchenbrustfilet (S. 42)**	1 Portion **Bohnen-Feta-Salat im Glas (S. 40)**, dazu 1 Portion **Zitronen-Knoblauch-Dressing (S. 34)** Spinatsalat möglichst erst heute waschen und in die Gläser (2 Portionen siehe S. 35) hinzufügen.

1373 kcal	***248 kcal / 26,8 g KH / 5,6 g P / 10,9 g F***	***788 kcal / 81,8 g KH / 51,6 g P / 26,1 g F***	***337 kcal / 22,3 g KH / 25 g P / 14,5 g F***

	Frühstück	Mittagessen	Abendessen
Freitag	2 Scheiben Vollkornbrot (à ca. 55 g) mit 70g Schafskäse/Feta, leicht, 9 %, in Würfel schneiden, dazu 4 Kirschtomaten 	Hähnchen-Burger: 1 Vollkornbrötchen, 1 Portion **Gebratenes Hähnchenfilet (S. 42),** 1 Stück Gurke + 1 Kirschtomate in Scheiben schneiden, 1 EL saure Sahne oder Schmand aufstreichen, mit Salz und Pfeffer würzen.  1 Portion Gemüsesticks (= ½ rote und ½ gelbe Paprikaschote, ½ Stange Stangensellerie) mit 1 Portion **Bohnen-Kräuter-Creme (S. 38)** 	1 Portion **Bohnen-Feta-Salat im Glas (S. 40)**, 1 Portion **Zitronen-Knoblauch-Dressing (S. 34)**, 1 Scheibe Vollkornbrot (ca. 55 g) 
1334 kcal	***405 kcal / 46,1 g KH / 25,5 g P / 10,5 g F***	***478 kcal / 46,9 g KH / 41,3 g P / 12,8 g F***	***451 kcal / 43,8 g KH / 27,8 g P / 15,2 g F***

Bedarfsliste

- ☐ 1 Apfel Granny Smith
- ☐ 1 Banane
- ☐ 150 g frische Erdbeeren
- ☐ 200 g Heidelbeeren
- ☐ 2 gelbe Paprikaschoten
- ☐ 2 rote Paprikaschoten
- ☐ 19 Kirschtomaten
- ☐ 2 Salatgurken
- ☐ 1 Stange Stangensellerie
- ☐ 360 g Blattspinat oder gemischte Salate, z. B. Rucola, Mangold
- ☐ 2 EL Kräuter, gehackt, z. B. frische oder TK-Petersilie
- ☐ 1 Knoblauchzehe
- ☐ 3 Hähnchenbrustfilets à 120 g
- ☐ 2 Lachsfilets oder -steaks à 130 g
- ☐ 3 Eier
- ☐ 500 g Magerquark, 0,2 % Fett
- ☐ 60 g Milch
- ☐ 20 g + 1 EL saure Sahne oder Schmand (alternativ: Frischkäse)
- ☐ 220 g Schafskäse/Feta, leicht, 9 %
- ☐ 5 g Butter
- ☐ 7 Scheiben Vollkornbrot à ca. 55 g
- ☐ 1 Vollkornbrötchen
- ☐ 160 g Reis oder Naturreis (Rohgewicht)
- ☐ 200 g bunte Quinoa (Rohgewicht)
- ☐ 2 Dosen weiße Bohnen (gekocht und abgetropft à 220 g)
- ☐ 1 Glas gekochte Kichererbsen (abgetropft ca. 220 g)
- ☐ 100 g Dinkelvollkornmehl
- ☐ 1 Prise Erythrit, Zucker oder Süßungsmittel nach Wahl
- ☐ 3 ½ TL Agavendicksaft oder Süßungsmittel nach Belieben
- ☐ 1 Prise Vanille, gemahlen
- ☐ 1 TL Natron oder Backpulver
- ☐ 2 EL Chiasamen
- ☐ 25 g gehobelte Mandeln
- ☐ 1 l + 800 ml Gemüsebrühe
- ☐ 1 Zitrone
- ☐ Saft von 1 Zitrone + 1 EL Zitronensaft + 2 TL Zitronensaft
- ☐ 1 EL Essig
- ☐ 7 EL Öl, z. B. Olivenöl, + 2 TL Öl, z. B. Olivenöl oder Kokosöl
- ☐ 1 EL Mineralwasser
- ☐ 1 Prise getrocknete Kräuter, z. B. Basilikum oder Petersilie, optional
- ☐ Salz, z. B. Meersalz, Pfeffer
- ☐ Paprikapulver edelsüß
- ☐ Gewürze nach Belieben

Meal-Prep-Tag im zeitlichen Überblick

Meal-Prep-Zeit für Wochenplan 1: ca. 1 Std. 45 Min. (ohne Abkühlzeit)

Vorbereitende Arbeiten:
Die Vorbereitung ist für alle gedacht, die eine ganze Woche im Voraus planen möchten. Die hier genannten Verarbeitungsschritte werden auch in den jeweiligen Rezepten beschrieben, sodass Sie bei Bedarf jedes Gericht außerhalb Ihres Ernährungsplans kochen können.

10 Min.
Obst, Gemüse und Salat waschen

- 1 Apfel Granny Smith, 150g Erdbeeren, 100g Heidelbeeren, 2 Salatgurken, 2 rote Paprikaschoten, 2 gelbe Paprikaschoten und 1 Stange Stangensellerie waschen und abtrocknen.
- 300g Blattspinat waschen und trocken schleudern.
- Inhalt der 2 Dosen mit weißen Bohnen abtropfen lassen.
- 100g Heidelbeeren werden erst am Verzehrtag (Frühstück für Mittwoch) gewaschen.
- 60g Blattspinat werden erst am Donnerstag gewaschen und für den Bohnen-Feta-Salat im Glas weiterverarbeitet.

Diese Arbeiten werden parallel ausgeführt:

25 Min. 200g (Rohgewicht) bunte Quinoa für Quinoa-Taboulé (S. 39) kochen (= 2 Portionen): Quinoa mit warmem Wasser durchwaschen und abseihen. Zusammen mit 400ml Gemüsebrühe in einen Kochtopf geben und aufkochen lassen. Hitze reduzieren und etwa 15 Min. lang mit geschlossenem Deckel köcheln lassen, bis die Quinoa gar ist und das Wasser absorbiert wurde. Kochtopf von der Herdplatte nehmen, Deckel abnehmen und Quinoa auflockern und abkühlen lassen.	Zutaten für den Apfel-Spinat-Smoothie (S. 36) vorbereiten: Apfel halbieren und die Hälften mit 1 EL Zitronensaft beträufeln. Apfelhälfte zusammen mit ⅓ des gewaschenen Blattspinats in einen Behälter geben. Die restlichen Smoothie-Zutaten werden am Tag des Verzehrs hinzugefügt. Weitere Mahlzeiten vorbereiten: 100g Heidelbeeren und die andere Apfelhälfte (evtl. kleiner schneiden) zusammen in ein Fach des Meal-Prep-Behälters geben. Apfelhälften mit etwas Zitronensaft beträufeln. In einen weiteren Behälter den restlichen gewaschenen Blattspinat hinzufügen. 1 Kirschtomate in Stücke schneiden und hinzufügen. 1 rote Paprikaschote, 1 gelbe Paprikaschote und die Stange Stangensellerie für die Gemüsesticks in Stücke schneiden. Zitronen-Knoblauch-Dressing (S. 34) zubereiten.
20 Min. 160g (Rohgewicht) Reis kochen (= 2 Portionen): Reiskörner durchspülen und abtropfen lassen. Zusammen mit 1 l Gemüsebrühe in den Kochtopf geben und aufkochen lassen. Dann auf mittlere Hitze stellen und je nach Reissorte ca. 10–15 Min. köcheln lassen. In ein Sieb abgießen. Gemüsebrühe/Garwasser auffangen!	2x Bohnen-Feta-Salat im Glas (S. 40) zusammenstellen. 4 Kirschtomaten, 1 gelbe Paprikaschote und 1 Stück Salatgurke (ca. 100 g) für das Quinoa-Taboulé (S. 39) klein schneiden.
15 Min. Pancakes (S. 32) in einer Pfanne herausbacken.	3 Hähnchenbrustfilets (siehe S. 42) in einer Grillpfanne braten.
15 Min. Chiamarmelade (siehe S. 37) zubereiten und in ein Glas abfüllen.	2 Lachsfilets (siehe S. 33) in der Grillpfanne braten.
5 Min. Bohnen-Kräuter-Creme (S. 38) zubereiten.	

Alle zubereiteten Speisen abkühlen lassen!

15 Min.
Portionieren der Gerichte:
Folgende Gerichte bereits portionsweise in Behältern zusammenstellen (bitte beachten Sie dazu die Bilder vom Wochenplan S. 25–27) und im Kühlschrank aufbewahren oder, falls gefriergeeignet, einfrieren (für die Gerichte ab Tag 3 bei gefriergeeigneten Mahlzeiten empfohlen). Bitte beachten Sie die Hinweise zu den Aufbewahrungsmöglichkeiten bei den einzelnen Rezepten.

- **Für Montag, Frühstück**: 5 Pancakes (= 1 Portion) zu den vorbereiteten Apfelschnitzen und Heidelbeeren (Meal-Prep-Abschnitt 1).

- **Für Montagmittag**: Die Hälfte vom gekochten Reis in den Behälter zum Blattspinatsalat geben. Ein gebratenes Lachsfilet mit Zitronenscheibe hinzufügen.

- **Für Dienstagmittag**: Den restlichen Reis in einen Behälter einschichten, dann das Lachsfilet kleiner schneiden oder zupfen, Blattspinat klein schneiden und darauf geben. 400 ml Gemüsebrühe (aufgefangenes Garwasser vom Reis, Meal-Prep-Abschnitt 2) separat mit hinzufügen. Wird am Verzehrtag vermischt und erwärmt.

- **Für Dienstag- und Mittwochabend und Freitagmittag:** Bohnen-Kräuter-Creme in 3 Behälter einfüllen. In 2 dieser Behälter die Gemüsesticks (Meal-Prep-Abschnitt 1) hinzufügen.

- **Für Mittwoch- und Donnerstagmittag:** Gekochte Quinoa mit vorbereitetem Gemüse (Meal-Prep-Abschnitt 2), Kichererbsen, Öl, Essig, Salz und Pfeffer zu Quinoa-Taboulé (S. 39) verarbeiten. In 2 Behälter füllen. Dazu 2 der Hähnchenfilets in Scheiben schneiden auf das Quinoa-Taboulé geben.

- **Für Freitagmittag:** Restliches gebratenes Hähnchenfilet für den Hähnchen-Burger im Kühlschrank aufbewahren. Wird am Verzehrtag zusammengestellt (siehe Wochenplan S. 27).

Die Rezepte der Woche

Pancakes

Für 2 Portionen (= 10 Stück)
Pro Portion: 429 kcal / 40,2g KH / 31,8g P / 14,3g F

250 g Magerquark, 0,2 %
3 Eier
60 g Milch
1 Prise Salz
1 Prise Vanille, gemahlen
100 g Dinkelvollkornmehl
1 TL Agavendicksaft, Honig oder Süßungsmittel nach Wahl
1 TL Natron oder Backpulver
2 TL Öl, z. B. Olivenöl oder Kokosöl

1. Magerquark, Eier, Milch, Salz und Vanille gut verrühren.
2. Dann Dinkelvollkornmehl, Süßungsmittel und Natron hinzufügen und zu einem etwas zähflüssigen Teig vermengen.
3. 1 TL Kokosöl erhitzen, mit einem Löffel 4–5 Teigkleckse in die Pfanne geben und flach drücken. (Bitte beachten: Die Pancakes gehen noch auf.) Wenn der Teig Blasen wirft, die Pancakes wenden und auf der anderen Seite fertig backen. Vorgang wiederholen bis der Teig komplett aufgebraucht ist.

Tipps und Aufbewahrung:

Im Kühlschrank bis zu 5 Tage haltbar.
Zum Einfrieren geeignet. Dazu am besten Backpapier oder Frischhaltefolie zwischen die Pancakes legen, dann kann man sie gut einzeln entnehmen.

Folgende Mahlzeiten werden damit zubereitet (siehe Wochenplan 1, ab S. 25):
Montag, Frühstück ▶ 1 Portion Pancakes, 100g Heidelbeeren, ½ Apfel Granny Smith
Dienstag, Frühstück ▶ 1 Portion Pancakes, 1 Portion **Chiamarmelade (S. 37)**

Gebratene Lachsfilets

Für 2 Stück
Pro Stück: 242 kcal / 0,2 g KH / 27,3 g P / 17,7 g F

2 Lachsfilets oder -steaks à 130 g
Salz, z. B Meersalz
Pfeffer
2 TL Zitronensaft
1 EL Öl, z. B. Olivenöl
Grillpfanne

1. Lachssteaks waschen und mit Küchenpapier trocken tupfen.
2. Mit Salz und Pfeffer auf beiden Seiten würzen und mit Zitronensaft beträufeln.
3. Öl in der Pfanne erhitzen und Lachs auf beiden Seiten je ca. 3–4 Min. braten. Je nach Dicke der Steaks Hitze ausstellen und noch 3–5 Min. in der Pfanne durchziehen lassen.

Tipps und Aufbewahrung:

Im Kühlschrank bis zu 3 Tage haltbar. Zum Einfrieren geeignet.

Folgende Mahlzeiten werden damit zubereitet (siehe »Portionieren der Gerichte«, S. 31):

Montag, Mittagessen ▶ 1 Gebratenes Lachsfilet, 1 Portion gekochter Reis (= 80 g Rohgewicht), 1 Portion **Blattspinatsalat (S. 35)**, 1 Portion **Zitronen-Knoblauch-Dressing (S. 34)**

Dienstag, Mittagessen ▶ 1 Gebratenes Lachsfilet, 1 Portion Spinat (= 100 g), 1 Portion gekochter Reis (= 80) g Rohgewicht) und 400 ml Gemüsebrühe als Terrine

Zitronen-Knoblauch-Dressing

Für 3 Portionen
Pro Portion: 60 kcal / 0,6 g KH / 0,1 g P / 6,2 g F

- 1 Knoblauchzehe
- Saft von 1 Zitrone
- 3 EL Wasser
- 2 EL Öl, z. B. Olivenöl
- 1 Prise Erythrit, Zucker oder Süßungsmittel nach Wahl
- 1 Prise getr. Kräuter, z. B. Basilikum oder Petersilie, optional
- Salz, Pfeffer

1. Knoblauchzehe abziehen und klein hacken.
2. Alle Zutaten miteinander vermischen.

Tipps und Aufbewahrung:

Im Kühlschrank mindestens 6 Tage haltbar. Vor dem Verzehr noch mal im geschlossenen Behälter schütteln oder gut durchrühren.

Folgende Mahlzeiten werden damit zubereitet (siehe Wochenplan 1, S. 25):
Montag, Mittagessen ▶ 1 Portion Zitronen-Knoblauch-Dressing, 1 Portion **Blattspinatsalat (S. 35)**
Donnerstag, Abendessen ▶ 1 Portion Zitronen-Knoblauch-Dressing, 1 Portion **Bohnen-Feta-Salat im Glas (S. 40)**
Freitag, Abendessen ▶ 1 Portion Zitronen-Knoblauch-Dressing, 1 Portion **Bohnen-Feta-Salat im Glas (S. 40)**

Blattspinatsalat

Für 1 Portion
Pro Portion (ohne Dressing): 30 kcal / 1,8 g KH / 3,1 g P / 0,6 g F

100 g Blattspinat oder gemischte Salate, z. B. Rucola, Mangold
(+ 100 g für die Spinat-Lachs-Reis-Terrine am Dienstagmittag)
2 Kirschtomaten
1 Portion Zitronen-Knoblauch-Dressing (S. 34)

1. Spinat bzw. Salat verlesen, waschen und abtropfen lassen oder trocken schleudern.
2. Tomaten waschen und halbieren oder in Viertel schneiden. 100 g Blattspinat mit den Tomaten locker vermengen. Restlichen Blattspinat beiseite legen.*
3. Das Dressing erst kurz vor dem Verzehr über den gemischten Salat geben.

Tipps und Aufbewahrung:

Sobald Blattspinat bzw. Salat gewaschen ist, sollte er innerhalb von 2–3 Tagen verzehrt werden. Am besten man schleudert ihn in einer Salatschleuder sehr trocken.

Folgende Mahlzeiten werden damit zubereitet (siehe Wochenplan 1, S. 25).
Montag, Mittagessen ▶ 1 Portion Blattspinatsalat, 1 Portion **Zitronen-Knoblauch-Dressing (S. 34),** 1 Portion **Gebratenes Lachsfilet (S. 33)**, 1 Portion gekochter Reis
Dienstag, Mittagessen ▶ *100 g **Blattspinatsalat**, 1 Portion **Gebratenes Lachsfilet (S. 33)**, 1 Portion gekochter Reis, 400 ml Gemüsebrühe (siehe »Portionieren der Gerichte«, S. 31)

Apfel-Spinat-Smoothie

Für 1 Portion
Pro Portion: 242 kcal / 51,4g KH / 4,6g P / 1g F

100 g Blattspinat
½ Apfel Granny Smith
1 Banane
1 TL Agavendicksaft oder Süßungsmittel nach Belieben
1 EL Zitronensaft

1. Blattspinat und Apfel waschen. Blattspinat verlesen und abtropfen lassen. Apfel entkernen. Beides etwas zerkleinern.
2. Banane schälen und in Stücke brechen.
3. Alle Zutaten in einen Mixer geben und pürieren.

Tipps und Aufbewahrung:

Sobald der Smoothie püriert wurde, sollte er im Laufe des Tages verzehrt werden. Man kann den Blattspinat mit den Apfel- und Bananenstücken einfrieren und dann am Verzehrtag zusammen mit frischem Zitronensaft, nach Bedarf Süßungsmittel und 2–3 EL Wasser in einem leistungsstarken Mixer pürieren.

Folgende Mahlzeiten werden damit zubereitet (siehe Wochenplan 1, S. 25):
Montag, Mittagessen ▶ Apfel-Spinat-Smoothie

Chiamarmelade

Für 3 Portionen
Pro Portion: 55 kcal / 5 g KH / 1,5 g P / 2,3 g F

150 g frische Erdbeeren
1½ TL Agavendicksaft oder Süßungsmittel nach Belieben
1 EL Zitronensaft
2 EL Chiasamen

1. Erdbeeren waschen, Strunk entfernen, zusammen mit Süßungsmittel in einen kleinen Topf geben, pürieren oder bis zur gewünschten Konsistenz zerstampfen und kurz aufkochen lassen, dann Hitze ausstellen und auf der Herdplatte noch 5 Min. stehen lassen.
2. Zitronensaft und Chiasamen einrühren und mindestens 2 Std. quellen lassen.

Tipps und Aufbewahrung:

Im Kühlschrank bis zu 5 Tage haltbar.
Chiamarmelade kann man auch portionsweise einfrieren, z. B. in Eiswürfelformen.

Folgende Mahlzeiten werden damit zubereitet (siehe Wochenplan 1, ab S. 25):
Dienstag, Frühstück ▶ 1 Portion Chiamarmelade, 1 Portion **Pancakes (S. 32)**
Donnerstag, Frühstück ▶ 1 Portion Chiamarmelade, 1 Scheibe Vollkornbrot, Butter, 1 TL gehobelte Mandeln

Bohnen-Kräuter-Creme

Für 3 Portionen
Pro Portion: 88 kcal / 9,6 g KH / 5,8 g P / 1,8 g F

1 Dose weiße Bohnen (gekocht und abgetropft 220 g)
2 EL Kräuter gehackt, z. B. frische oder TK-Petersilie
20 g saure Sahne oder Schmand (alternativ: Frischkäse)
2 EL Wasser + 2–3 EL nach Bedarf
Salz, Pfeffer

1. Alle Zutaten mit einem Pürierstab zu einer Creme pürieren. Wenn die Konsistenz zu fest ist, etwas Wasser hinzufügen.
2. Zum Schluss mit Salz und Pfeffer abschmecken.

Tipps und Aufbewahrung:

Im Kühlschrank bis zu 5 Tage haltbar.

Folgende Mahlzeiten werden damit zubereitet (siehe Wochenplan 1, ab S. 25):
Mittwoch, Abendessen ▶ 1 Portion Bohnen-Kräuter-Creme, 1 Portion Gemüsesticks (½ rote Paprikaschote, ½ gelbe Paprikaschote, ½ Stange Stangensellerie), 1 Scheibe Vollkornbrot
Dienstag, Abendessen ▶ 1 Portion Bohnen-Kräuter-Creme, 2 Scheiben Vollkornbrot, 2 Kirschtomaten, 1 Stück Salatgurke
Freitag, Mittagessen ▶ 1 Portion Bohnen-Kräuter-Creme, 1 Portion Gemüsesticks (½ rote Paprikaschote, ½ gelbe Paprikaschote, ½ Stange Stangensellerie

Quinoa-Taboulé

Für 2 Portionen
Pro Portion: 595 kcal / 80,3 g KH / 24 g P / 17,6 g F

200 g bunte Quinoa (Rohgewicht)
400 ml Gemüsebrühe
1 Stück Salatgurke, ca. 100 g
4 Kirschtomaten
1 gelbe Paprikaschote
1 Glas gekochte Kichererbsen (abgetropft ca. 220 g)
2 EL Öl, z. B. Olivenöl
1 EL Essig
Salz, Pfeffer

1. Quinoa mit warmem Wasser durchwaschen und abseihen.
2. Zusammen mit der Gemüsebrühe in einen Kochtopf geben und aufkochen lassen. Hitze reduzieren und etwa 15 Min. lang mit geschlossenem Deckel köcheln lassen, bis die Quinoa gar ist und das Wasser absorbiert wurde. Kochtopf von der Herdplatte nehmen, Deckel abnehmen und Quinoa auflockern und abkühlen lassen.
3. Salatgurke, Tomaten und Paprika waschen. Paprika entstielen und Kerngehäuse entfernen. Gemüse in kleine Stücke schneiden.
4. Kichererbsen und Gemüse zur abgekühlten Quinoa geben, Öl, Essig und Gewürze hinzufügen und gut vermischen.

Tipps und Aufbewahrung:

Das Quinoa-Taboulé kann man auch sehr gut mit frischen Kräutern oder TK-Kräutern ergänzen. Im Kühlschrank bis zu 5 Tage haltbar. Zum Einfrieren geeignet.

Folgende Mahlzeiten werden damit zubereitet (siehe Wochenplan 1, S. 26):
Mittwoch, Mittagessen ▶ 1 Portion Quinoa-Taboulé, 1 Portion **Gebratenes Hähnchenbrustfilet (S. 42)**
Donnerstag, Mittagessen ▶ 1 Portion Quinoa-Taboulé, 1 Portion **Gebratenes Hähnchenbrustfilet (S. 42)**

Bohnen-Feta-Salat im Glas

Für 2 Portionen
Pro Portion (ohne Dressing): 277 kcal / 21,7 g KH / 24,9 g P / 8,3 g F

6 Kirschtomaten
1 rote Paprikaschote
½ Salatgurke
60 g Blattspinat oder Salat nach Belieben
150 g Schafskäse/Feta, leicht, 9 %
1 Dose weiße Bohnen (gekocht und abgetropft ca. 220 g)
+ 2 Portionen Zitronen-Knoblauch-Dressing, S. 34 (für jeden Salat im Glas 1 Portion)
2 Gläser oder Behälter mit einem Füllvermögen von mind. 600 ml

1. Tomaten, Paprika und Gurke waschen und mit Küchenpapier abtrocknen. Paprika entstielen und Kerngehäuse entfernen, dann in Würfel schneiden. Tomaten in kleine Spalten und Paprika in kleine Würfel schneiden.
2. Spinat bzw. Salat verlesen, waschen und abtropfen lassen oder trocken schleudern.
3. Schafskäse in kleine Würfel schneiden.
4. Gläser erst mit weißen Bohnen, dann Gurke, Paprika, Tomate, Blattspinat und Feta einschichten und mit Deckel verschließen.

Tipps und Aufbewahrung:

Im Kühlschrank ohne frischen Blattspinat bis zu 5 Tage haltbar. Gewaschener Blattspinat sollte nicht mehr als 2–3 Tage im Kühlschrank aufbewahrt werden, also gegebenenfalls am Meal-Prep-Tag alle Zutaten bis auf den Blattspinat zusammenstellen. Erst am Tag des Verzehrs waschen, trocken schleudern und hinzufügen bzw. für die nächsten 2 Tage Aufbewahrung einschichten.
Das Dressing erst kurz vor bzw. am Tag des Verzehrs einfüllen.

Folgende Mahlzeiten werden damit zubereitet (siehe Wochenplan 1, ab S. 26):
Donnerstag, Abendessen ▶ 1 Portion Bohnen-Feta-Salat im Glas, 1 Portion **Zitronen-Knoblauch-Dressing (S. 34)**
Freitag, Abendessen ▶ 1 Portion Bohnen-Feta-Salat im Glas, 1 Portion **Zitronen-Knoblauch-Dressing (S. 34)**

Gebratene Hähnchenbrustfilets

Für 3 Portionen
Pro Portion: 190 kcal / 1,2 g KH / 27,6 g P / 8,4 g F

3 Hähnchenbrustfilets à 120 g
2 EL Öl, z. B. Olivenöl
Salz, Pfeffer
Paprikapulver edelsüß
Gewürze nach Belieben
Grillpfanne

1. Hähnchen säubern und mit Küchenpapier trocken tupfen.
2. Die Filets mit insgesamt 1 EL Öl einpinseln, nach Belieben würzen.
3. 1 EL Öl in der Pfanne erhitzen und Hähnchenbrustfilets von beiden Seiten scharf anbraten. Dann bei mittlerer Hitze innerhalb von ca. 5–7 Min. durchgaren lassen.

Tipps und Aufbewahrung:

Im Kühlschrank bis zu 6 Tage haltbar. Zum Einfrieren geeignet.

Folgende Mahlzeiten werden damit zubereitet (siehe Wochenplan 1, S. 26):
Mittwoch, Mittagessen ▶ 1 Portion Gebratenes Hähnchenbrustfilet, 1 Portion **Quinoa-Taboulé (S. 39)**
Donnerstag, Mittagessen ▶ 1 Portion Gebratenes Hähnchenbrustfilet, 1 Portion **Quinoa-Taboulé (S. 39)**
Freitag, Mittagessen ▶ 1 Portion Gebratenes Hähnchenbrustfilet, 1 Vollkornbrötchen, 1 Stück Gurke, 1 Kirschtomate, 1 EL saure Sahne

WOCHENPLAN 2

Samstag Einkauf der Lebensmittel nach Bedarfsliste (S. 45)

Sonntag Meal-Prep-Tag

	Frühstück	Mittagessen	Abendessen
Montag	2 Stück **Beerenmuffins (S. 50)**	1 **Gebratenes Lachsfilet (S. 52)** mit 1 gekochten Portion Reis (= 100 g roh) und 1 Portion gekochtem Brokkoli (= 150 g), 2 EL **Weiße Kräutersauce (S. 54)**	1 Portion **Geröstete Paprika (S. 55),** 2 EL **Weiße Kräutersauce (S. 54)**, 1 Scheibe Vollkornbrot (z. B. Roggen à 55 g)

1382 kcal	***191 kcal / 28,7g KH / 10,8g P / 3,2g F***	***702 kcal / 82,4g KH / 45,8g P / 22,2g F***	***489 kcal / 52,3g KH / 16,2g P / 28,7g F***
Dienstag	2 Stück **Beerenmuffins (S. 50)**	Tofu-Soba-Nudeln: **1 Portion Gebratene Tofuwürfel (S. 49)** mit 1 Portion gekochte Soba-Nudeln (=100 g roh), 1 Portion gekochter Brokkoli (=150 g), 2 EL **Weiße Kräutersauce (S. 54)**	**Lachs-Gemüse-Spieße (S. 52),** 4 EL **Weiße Kräutersauce (S. 54)**

1389 kcal	***191 kcal / 28,7g KH / 10,8g P / 3,2g F***	***711 kcal / 81g KH / 40g P / 26g F***	***487 kcal / 19,9g KH / 40,6g P / 35g F***
Mittwoch	2 Stück **Beerenmuffins (S. 50)**	1 Portion **Teriyaki-Rind (S. 56)** mit 1 Portion gekochtem Brokkoli (= 150 g), 1 Portion gekochten Soba-Nudeln (= 100 g roh), 1 Portion gegarten Karottenstiften (= 100 g), ½ rote Paprikaschote in Streifen	1 Portion **Gebratene Tofuwürfel (S. 49)**, 1 Salatgurke (= 400 g) in Scheiben schneiden, dazu 4 EL **Weiße Kräutersauce (S. 54)**

	Frühstück	Mittagessen	Abendessen
Mittwoch			
1339 kcal	***191 kcal / 28,7g KH / 10,8g P / 3,2g F***	***729 kcal / 81,2g KH / 54,6g P / 16,8g F***	***419 kcal / 22,6g KH / 26,4g P / 26,8g F***
Donnerstag	2 Stück **Beerenmuffins (S. 50)**	1 Portion **Teriyaki-Rind (S. 56),** 1 Portion gekochter Reis (= 100 g roh), 1 Portion gekochter Brokkoli (= 150 g)	2 Gemüsewraps Am Verzehrtag ½ Gurke und ½ rote Paprikaschote in Stifte und Streifen schneiden, 100 g gegarte Karottenstifte (siehe Meal-Prep-Abschnitt 2) und 4 EL **Weiße Kräutersauce (S. 54)** in 2 Weizen-Tortilla-Wraps füllen und dann einrollen.

1345 kcal	***191 kcal / 28,7g KH / 10,8g P / 3,2g F***	***688 kcal / 82,2g KH / 47,5g P / 16,5g F***	***466 kcal / 66,4g KH / 20,1g P / 10g F***
Freitag	2 Stück **Beerenmuffins (S. 50)**	1 Portion **Teriyaki-Rind (S. 56),** ½ rote und ½ gelbe Paprikaschote in Streifen schneiden und zusammen mit 2 EL **Weiße Kräutersauce (S. 54)** in 1 Weizen-Tortilla-Wrap füllen.	2 Scheiben Vollkornbrot (z. B. Roggen à 55 g), mit Fruchtfleisch einer Avocado (= 200 g) bestreichen, mit Salz und Pfeffer würzen und mit einer aufgeschnittenen Kirschtomate und einem halbierten, gekochten Ei belegen.

1353 kcal	***191 kcal / 28,7g KH / 10,8g P / 3,2g F***	***525 kcal / 38,8g KH / 45g P / 18,4g F***	***637 kcal / 49,3g KH / 17,1g P / 37,8g F***

Bedarfsliste

- ☐ 1 Banane
- ☐ 100 g Beeren, gemischt oder Obst nach Belieben, frisch oder TK (etwas aufgetaut)
- ☐ 600 g Brokkoli
- ☐ 2 Karotten, ca. 200 g
- ☐ 4 Kirschtomaten
- ☐ 3 gelbe Paprikaschoten*
- ☐ 3 rote Paprikaschoten
- ☐ 2 Salatgurken*
- ☐ 1 Avocado, ca. 200 g Fruchtfleisch
- ☐ 1 Knoblauchzehe
- ☐ 450 g Rinder-Minutensteaks
- ☐ 2 Lachsfilets à 130 g
- ☐ 200 g Tofu
- ☐ 1 gekochtes Ei
- ☐ 2 rohe Eier
- ☐ 450 g Magerquark, 0,2 %
- ☐ 300 g Naturjoghurt, 1,5 %
- ☐ 200 g Soba-Nudeln (Rohgewicht)
- ☐ 200 g Reis, z. B. Naturreis
- ☐ 3 Scheiben Vollkornbrot à ca. 55 g
- ☐ 3 Weizen-Tortilla-Wraps
- ☐ 120 g Apfelmus, ohne Zuckerzusatz
- ☐ 80 g Dinkelvollkornmehl oder Mehl nach Wahl
- ☐ 1 EL Speisestärke (alternativ: Semmelbrösel)
- ☐ 2 TL Backpulver
- ☐ 30 g Haferflocken
- ☐ 2 EL + 1 TL Sesamkerne, optional
- ☐ 10 g Agavendicksaft oder Süßungsmittel nach Wahl
- ☐ 1 EL Honig oder Süßungsmittel nach Wahl
- ☐ 6 EL Sojasauce
- ☐ 2 EL Zitronensaft
- ☐ 4 EL Essig, z. B. Balsamico bianco
- ☐ 5 EL Öl, z. B. Sesamöl oder Kokosöl
- ☐ 2 EL + 2 TL Öl, z. B. Olivenöl
- ☐ 1 TL getr. Kräuter, z. B. Basilikum, Dill oder Petersilie
- ☐ Gewürze und getr. Kräuter nach Belieben: Currypulver, Kurkuma, Kreuzkümmel, Majoran, Paprikapulver edelsüß/rosenscharf, Chilipulver
- ☐ Salz, z. B. Meersalz, Pfeffer

*½ gelbe Paprikaschote und ½ Salatgurke bleiben übrig - die eigenen sich gut zum Knabbern für zwischendurch.

Meal-Prep-Tag im zeitlichen Überblick

Meal-Prep-Zeit für Wochenplan 2: ca. 1 Std. 35 Min. (ohne Abkühlzeit)

Vorbereitende Arbeiten:
Die Vorbereitung ist für alle gedacht, die eine ganze Woche im Voraus planen möchten. Die hier genannten Verarbeitungsschritte werden auch in den jeweiligen Rezepten beschrieben, sodass Sie bei Bedarf jedes Gericht außerhalb Ihres Ernährungsplans kochen können.

10 Min.
Beeren und Gemüse vorbereiten

- 100 g Beeren, 600 g Brokkoliröschen (roh oder TK), 2 Karotten, 4 Kirschtomaten, 3 gelbe Paprikaschoten, 3 rote Paprikaschoten und 2 Salatgurken waschen und abtrocknen.
- Karotten schälen und stifteln. Paprikaschoten entstielen und entkernen.

Diese Arbeiten werden parallel ausgeführt:

25 Min. Beerenmuffins (S. 50) zubereiten, 15–20 Min. im Ofen backen.	600 g Brokkoliröschen (= 4 Portion à 150 g) kochen: Mindestens 2 l Wasser in einem Topf zum Kochen bringen. 1 TL Salz hinzufügen, Brokkoliröschen einfüllen und ca. 5 Min sprudelnd kochen lassen. Falls TK-Brokkoli verwendet wird, Kochzeit um ca. 3–5 Min. erhöhen. Mit einer Schaumkelle aus dem kochenden Wasser nehmen und am besten in Eiswasser zum Abschrecken geben.	1 Lachsfilet und Lachs-Gemüse-Spieße (S. 52) vorbereiten und auf ein mit Backpapier ausgelegtes Blech geben. Geröstete Paprikastreifen (S. 55) zusammenstellen und auf das Blech hinzufügen oder in eine Auflaufform füllen.
Karottenstifte kochen (200 g = 2 Portionen): 1 l Wasser in einem kleinen Topf zum Kochen bringen. 1 Prise Salz hinzufügen, Karottenstifte einfüllen und in ca. 5–7 Min. garen. Dann abseihen und abtropfen lassen. Gebratene Tofuwürfel (S. 49) zubereiten.	200 g (Rohgewicht, = 2 Portionen) Reis kochen: Reiskörner durchspülen und abtropfen lassen. Zusammen mit 1,2 l Wasser und 1 Prise Salz in einen Kochtopf geben und aufkochen lassen. Dann auf mittlere Hitze stellen. Ohne Deckel je nach Reissorte ca. 10–15 Min. köcheln lassen. In ein Sieb abgießen.	**25 Min.** Ofengerichte im Backofen rösten: Backblech/Auflaufform mit Lachsfilet, Lachs-Gemüse-Spießen und Paprikastreifen in den Backofen schieben. Lachsfilet und Lachs-Gemüse-Spieße nach 10–12 Min. Garzeit aus dem Ofen nehmen. Paprikastreifen wenden und weitere 5–10 Min. im Ofen rösten.
20 Min. Teriyaki-Rind (S. 56) zubereiten.	200 g Soba-Nudeln (= 2 Portionen) zubereiten: 1 l Wasser in einem Topf zum Kochen bringen. 1 Prise Salz hinzufügen. Die Soba-Nudeln einfüllen und nach Packungsanleitung zubereiten (meist nur 3 Min. kochen), dann abseihen.	Weiße Kräutersauce (S. 54) zubereiten. Restliche Paprika in Streifen schneiden und in einen Behälter geben.

Alle zubereiteten Speisen abkühlen lassen!

15 Min.
Portionieren der Gerichte:
Folgende Gerichte können Sie bereits portionsweise in Behältern zusammenstellen (bitte beachten Sie dazu die Bilder vom Wochenplan S. 43–44) und im Kühlschrank aufbewahren oder einfrieren (bitte beachten Sie die Hinweise zu den Aufbewahrungsmöglichkeiten bei den einzelnen Rezepten):

- **Für Montagmittag**: 1 gebratenes Lachsfilet, 1 Portion gekochter Reis, 1 Portion gekochter Brokkoli

- **Für Dienstagmittag**: 1 Portion gekochter Brokkoli, 1 Portion gebratene Tofuwürfel, 1 Portion gekochte Soba-Nudeln

- **Für Mittwochmittag:** 1 Portion Teriyaki-Rind, 1 Portion gekochter Brokkoli, 1 Portion gegarte Karottenstifte, einige rote Paprikastreifen (roh), 1 Portion gekochte Soba-Nudeln

- **Für Donnerstagmittag**: 1 Portion Teriyaki-Rind, 1 Portion gekochter Brokkoli, 1 Portion gekochter Reis

Nun alle Meal-Prep-Gerichte in Behälter verpacken und in den Kühlschrank oder, falls gefriergeeignet, in den Gefrierschrank stellen (für die Gerichte ab Tag 3 bei gefriergeeigneten Mahlzeiten empfohlen).

Die Rezepte der Woche

Gebratene Tofuwürfel

Für 2 Portionen
Pro Portion: 257 kcal / 6 g KH / 15 g P / 21 g F

- 200 g Tofu
- 2 EL Öl, z. B. Sesamöl
- Salz, Pfeffer
- Gewürze nach Belieben, z. B. Currypulver, Kurkuma, Paprikapulver edelsüß/rosenscharf, Chilipulver
- 1 EL Speisestärke (alternativ: Semmelbrösel)
- 1 TL Sesamkerne

1. Tofu in kleine Würfel schneiden.
2. In einer Schüssel Öl mit Gewürzen verrühren. Tofuwürfel und Speisestärke hinzufügen und gut vermengen. Noch mal gut nachwürzen.
3. In einer Pfanne von allen Seiten scharf anbraten.
4. Mit Sesamkernen bestreuen.

Tipps und Aufbewahrung:

Im Kühlschrank bis zu 4 Tage haltbar. Zum Einfrieren geeignet (nach dem Auftauen ist der Tofu etwas fester im Biss und grobporiger).

Folgende Mahlzeiten werden damit zubereitet (siehe Wochenplan 2, S. 43):
Dienstag, Mittagessen ▶ 1 Portion Gebratene Tofuwürfel, 1 Portion gekochte Soba-Nudeln (= 100 g roh), 2 EL **Weiße Kräutersauce (S. 54)**
Mittwoch, Abendessen ▶ 1 Portion Gebratene Tofuwürfel, 1 Salatgurke, 4 EL **Weiße Kräutersauce (S. 54)**

Beerenmuffins

Für 10 Stück
Pro Stück: 191 kcal / 28,7 g KH / 10,8 g P / 3,2 g F

100 g Beeren gemischt oder Obst nach Belieben, frisch oder TK (etwas aufgetaut)
1 reife Banane
120 g Apfelmus, ohne Zuckerzusatz
2 rohe Eier
200 g Magerquark, 0,2 %
10 g Agavendicksaft oder Süßungsmittel nach Wahl
80 g Dinkelvollkornmehl oder Mehl nach Wahl
30 g Haferflocken
2 TL Backpulver
10 Muffinförmchen

1. Backofen auf 160 °C Umluft vorheizen.
2. Beeren waschen und abtrocknen.
3. Banane mit der Gabel zerdrücken. Zusammen mit Apfelmus, Eiern, Magerquark und Agavendicksaft in eine Schüssel geben und verrühren.
4. Mehl, Haferflocken und Backpulver hinzufügen und untermengen.
5. Die Beeren mit einem Spatel unterheben und die Masse auf 10 Förmchen verteilen.
6. In den Backofen geben und 15–20 Min. backen.

Tipps und Aufbewahrung:

Im Kühlschrank bis zu 6 Tage haltbar. Zum Einfrieren geeignet. Die Muffins kann man z. B. auch mit (körnigem) Frischkäse oder Magerquark bestreichen oder Obst dazu essen.

Variationsmöglichkeiten: Zuerst den Teig zubereiten und dann Beeren oder Obst nach Wahl hinzufügen, je nachdem, was vorrätig ist, z. B. 2 Stück mit Erdbeeren, 2 Stück mit Himbeeren, 2 Stück mit Heidelbeeren, 2 Stück mit Apfelstückchen und Zimt usw. So hat man jeden Tag eine andere Muffinvariation. Das restliche Obst kann man als gesunden Snack für die Woche einplanen.

Folgende Mahlzeiten werden damit zubereitet (siehe Wochenplan 2, ab S. 43):

Montag bis Freitag, Frühstück ▶ Jeweils 2 Stück Beeren-Muffins pro Frühstück

Lachsfilet und Lachs-Gemüse-Spieße aus dem Ofen

Für 2 Portionen

Pro Portion (Lachsfilet): 242 kcal / 0,2 g KH / 27,3 g P / 17,7 g F

Pro Portion (Lachs-Gemüse-Spieße): 346 kcal / 9,9 g KH / 29,6 g P / 22,8 g F

2 Lachsfilets à 130 g
½ rote Paprikaschote
½ gelbe Paprikaschote
Salz, z. B. Meersalz, Pfeffer
2 TL Öl, z. B. Olivenöl
2 EL Zitronensaft
3 Kirschtomaten

1. Backofen bei 160 °C Umluft vorheizen. Ein Backblech mit Backpapier auslegen.
2. Lachsfilets waschen und mit Küchenpapier trocken tupfen.
3. Paprikaschoten waschen, entstielen und Kerngehäuse entfernen.
4. Auf beiden Seiten mit Salz und Pfeffer würzen, mit 1 TL Öl einpinseln und mit Zitronensaft beträufeln.
5. 1 Lachsfilet auf das Backblech geben. Das andere in grobe Würfel schneiden.
6. Paprikaschoten in Stücke schneiden und abwechselnd mit Kirschtomaten und Fischstücken auf Spieße stecken.
7. Lachs-Gemüse-Spieße auf das Backblech legen und mit dem restlichen Öl einpinseln.
8. Im Ofen ca. 10–12 Min. backen.

Tipps und Aufbewahrung:

Im Kühlschrank bis 2–3 Tage haltbar. Zum Einfrieren geeignet.

Folgende Mahlzeiten werden damit zubereitet (siehe Wochenplan 2, S. 43):
Montag, Mittagessen ▶ 1 Portion Lachsfilet, 1 Portion gekochter Reis (= 100 g roh), 1 Portion gekochter Brokkoli (= 150 g), 2 EL **Weiße Kräutersauce (S. 54)**
Dienstag, Abendessen ▶ 1 Portion Lachs-Gemüse-Spieße, 4 EL **Weiße Kräutersauce (S. 54)**

Weiße Kräutersauce

Für ca. 20 EL
Pro EL: 28 kcal / 2 g KH / 2 g P / 1 g F

1 Knoblauchzehe
250 g Magerquark, 0,2 %
300 g Naturjoghurt, 1,5 %
Salz, Pfeffer
4 EL Essig, z. B. Balsamico bianco
2 EL Öl, z. B. Olivenöl
1 TL getrocknete Kräuter, z. B. Basilikum, Dill oder Petersilie
1 Glas mit mind. 650 ml Fassungsvermögen

1. Knoblauchzehe abziehen und fein hacken.
2. Alle Zutaten in eine Schüssel geben und gut verrühren.

Tipps und Aufbewahrung:

Im Kühlschrank mindestens 7 Tage haltbar. Vor Gebrauch Behälter schütteln oder Sauce nochmals durchrühren. Die Sauce immer mit einem sauberen Löffel entnehmen oder ausgießen, damit die Haltbarkeit nicht beeinträchtigt wird.

Die Sauce wird an folgenden Tagen zu den jeweils geplanten Mahlzeiten hinzugefügt (siehe Wochenplan 2, ab S. 43):
Montag, Mittagessen ▶ 2 EL
Dienstag, Mittagessen ▶ 2 EL
Dienstag, Abendessen ▶ 4 EL
Mittwoch, Abendessen ▶ 4 EL
Donnerstag Abendessen ▶ 4 EL
Freitag, Mittagessen ▶ 2 EL

Geröstete Paprikastreifen

Für 1 Portion
Pro Portion: 304 kcal / 26,3 g KH / 7,7 g P / 16 g F

- 1½ rote Paprikaschoten
- 1½ gelbe Paprikaschoten
- 1 EL Öl, z. B. Sesamöl oder Kokosöl
- Salz, Pfeffer
- Gewürze nach Belieben, z. B. 1 Prise Kreuzkümmel, 1 Prise Majoran
- 1 EL Sesamkerne, optional

1. Backofen bei 160 °C Umluft vorheizen. Ein Backblech mit Backpapier auslegen oder eine Auflaufform verwenden.
2. Paprikaschoten waschen und mit Küchenpapier abtrocknen, entstielen, halbieren und entkernen.
3. Danach in Streifen schneiden, mit Öl vermischen und nach Belieben würzen.
4. Auf das Backblech oder in die Form geben und ca. 15–20 Min. im Ofen rösten. Während der Garzeit mindestens ein Mal wenden.
5. Nach Belieben mit Sesamkernen bestreuen.

Tipps und Aufbewahrung:

Im Kühlschrank bis zu 4 Tage haltbar. Zum Einfrieren geeignet.

Folgende Mahlzeiten werden damit zubereitet (siehe Wochenplan 2, S. 43):
Montag, Abendessen ▶ 1 Portion Geröstete Paprikastreifen, 2 EL **Weiße Kräutersauce (S. 54)**, 1 Scheibe Vollkornbrot

Teriyaki-Rind

Für 3 Portionen
Pro Portion: 285 kcal / 4 g KH / 34 g P / 14 g F

450 g Rinder-Minutensteaks
2 EL Öl, z. B. Sesamöl
6 EL Sojasauce
1 EL Honig oder Süßungsmittel nach Wahl
Pfeffer
1 EL Sesamkerne, optional

1. Steaks abwaschen und mit Küchenpapier trocken tupfen, danach in Stücke oder Streifen schneiden.
2. 1 EL Öl in einer Pfanne erhitzen, die Fleischstücke kurz scharf anbraten und dann in eine Schüssel umfüllen.
3. Sojasauce mit Honig in die Pfanne geben, bei mittlerer Hitze verrühren und etwas eindicken lassen.
4. Fleischstücke hinzufügen, pfeffern und gut mit der Sauce vermischen, in ca. 5–7 Min. und unter mehrmaligem Wenden bei mittlerer Hitze durchgaren.
5. Nach Belieben mit Sesamkernen bestreuen.

Tipps und Aufbewahrung:

Im Kühlschrank bis zu 5 Tage haltbar. Zum Einfrieren geeignet.
Mit frisch gehackten Frühlingszwiebeln bestreuen.

Folgende Mahlzeiten werden damit zubereitet (siehe Wochenplan 2, ab S. 43):
Mittwoch, Mittagessen ▶ 1 Portion Teriyaki-Rind, 1 Portion gekochter Brokkoli (= 150 g), 1 Portion gekochte Soba-Nudeln (= 100 g roh), 1 Portion gegarte Karottenstifte (= 1 00 g), ½ rote Paprikaschote in Streifen
Donnerstag, Mittagessen ▶ 1 Portion Teriyaki-Rind, 1 Portion gekochter Reis (=100 g roh), 1 Portion gekochter Brokkoli (= 150 g)
Freitag, Mittagessen ▶ 1 Portion Teriyaki-Rind, ½ rote und ½ gelbe Paprikaschote in Streifen, 2 EL **Weiße Kräutersauce (S. 54)**, 1 Tortillawrap

WOCHENPLAN 3

Samstag	Einkauf der Lebensmittel nach Bedarfsliste (S. 60)
Sonntag	Meal-Prep-Tag

	Frühstück	Mittagessen	Abendessen
Montag	1 Portion **Granola (S. 64)** mit 150 ml Milch, 1,5 %, 30 g Heidelbeeren	1 Portion **Ofengemüsemix mit Quinoa (S. 71)**	1 **Eiweißbrötchen (S. 76)** mit 1 Portion **Paprikadip (S.75)**, 10 Kirschtomaten

1389 kcal	***338 kcal / 31,5g KH / 14,3g P / 16,2g F***	***617 kcal / 77,8g KH / 29,8g P /17,7 g***	***434 kcal / 17,4g KH / 23,2g P/27,9g F***
Dienstag	1 Portion **Granola (S. 64)** mit 120 g Joghurt natur, 1,5 %, 1 Kiwi in Stücke schneiden	**Eiweißbrötchen (S. 76)** mit 1 Portion **Paprikadip (S.75)**	1 Portion **Ofengemüse (S. 66)** mit 1 Portion **Hummus (S. 72),** dazu 1 **Eiweißbrötchen (S. 76)**

1406 kcal	***370 kcal / 35,9g KH / 15,9g P / 15,9g F***	***408 kcal / 13,5g KH / 21,7g P / 27,6g F***	***628 kcal / 39,7g KH / 29,7g P / 32,5g F***

	Frühstück	Mittagessen	Abendessen
Mittwoch	1 Portion **Granola (S. 64)** mit 150 ml Milch, 1,5 %, 30 g Heidelbeeren	1 Portion **Quinoa-Salat (S. 69)**	1 **Eiweißbrötchen (S. 76),** 1 gekochtes Ei, 2 Tomaten, 50 g gekochter Schinken in Scheiben, 30 g Rucola

1369 kcal	***338 kcal / 31,5g KH / 14,3g P / 16,2g F***	***607 kcal / 71,3g KH / 30,2g P / 18,9g F***	***424 kcal / 10,4g KH / 31,7g P / 26,3g F***
Donnerstag	1 Portion **Granola (S. 64)** mit 120 g Joghurt natur ,1,5 %, 1 Kiwi in Stücke schneiden	1 Portion **Ofengemüse-Hähnchen-Curry (S. 74)**	1 **Eiweißbrötchen (S. 76)** mit 1 Portion **Paprikadip (S. 75),** 10 Kirschtomaten, 150 g Joghurt natur, 1,5 %, verrührt mit 1 TL Agavendicksaft, dazu 100 g Heidelbeeren

1358 kcal	***370 kcal / 35,9g KH / 15,9g P / 15,9g F***	***553 kcal / 26,6g KH / 36,3g P / 31,7g F***	***435 kcal / 29,5g KH / 28,6g P / 19,5g F***

	Frühstück	Mittagessen	Abendessen
Freitag	150 g Joghurt natur, 1,5 %, 1 EL **Granola (S. 64)**, 100 g Heidelbeeren 	1 Portion **Gebackene Paprika mit Quinoa-Füllung (S. 70)** 	1 **Eiweißbrötchen (S. 76)** mit 1 Portion **Hummus (S. 72)**  
1368 kcal	***218 kcal / 24,2 g KH / 11,4 g P / 7,5 g F***	***701 kcal / 90,5 g KH / 33,1 g P / 18,2 g F***	***449 kcal / 22,4 g KH / 22,8 g P / 25,2 g F***

Bedarfsliste

- ☐ 260 g Heidelbeeren
- ☐ 2 Kiwis
- ☐ 20 Stück + 150 g Kirschtomaten
- ☐ 2 Tomaten
- ☐ 2 Stück + 450 g rote Paprikaschoten
- ☐ 150 g gelbe Paprikaschoten
- ☐ 200 g Champignons
- ☐ 400 g Blumenkohl
- ☐ 200 g Hokkaido-Kürbis
- ☐ 50 g Zwiebel
- ☐ 60 g Rucola
- ☐ 60 g Feldsalat
- ☐ ½ Bund Minze
- ☐ 1½ Knoblauchzehe
- ☐ 100 g Hähnchenbrustfilet
- ☐ 50 g gekochter Schinken in Scheiben
- ☐ 3 rohe Eier
- ☐ 1 gekochtes Ei
- ☐ 250 g Magerquark, 0,2 %
- ☐ 300 ml Milch, 1,5 %
- ☐ 540 g Joghurt natur, 1,5 %
- ☐ 100 g Schafskäse/Feta, leicht, 9 %
- ☐ 20 g geriebener Parmesan
- ☐ 300 g Quinoa (Rohgewicht)
- ☐ 150 g Buchweizen
- ☐ 50 g Kokosmehl (alternativ: Dinkelvollkornmehl)
- ☐ 200 g Haferflocken, fein
- ☐ 340 g Kichererbsen (gekocht und abgetropft)
- ☐ 100 ml Gemüsebrühe
- ☐ 150 ml Kokosmilch light
- ☐ 30 g Chiasamen
- ☐ 30 g Leinsamen
- ☐ 30 g + 1 TL Sesamkerne
- ☐ 50 g Mandeln, gemahlen
- ☐ 50 Leinsamen, geschrotet
- ☐ 80 g Kürbiskerne
- ☐ 160 g Sonnenblumenkerne
- ☐ 1 EL Erdnüsse, gehackt
- ☐ 1 gehäufter TL Backpulver
- ☐ 1 EL Tahin (Sesampaste)
- ☐ 5 EL + 1 TL Agavendicksaft, Ahornsirup oder Süßungsmittel nach Belieben
- ☐ 6 EL + 1 TL Öl, z. B. Olivenöl
- ☐ 40 g + 1 EL Kokosöl
- ☐ 5 EL Zitronensaft
- ☐ Saft von ½ Limette
- ☐ ½ TL Oregano, getrocknet
- ☐ 1 TL Currypulver
- ☐ 1 TL Kreuzkümmel
- ☐ 1 TL Zimt
- ☐ Salz, Pfeffer

Meal-Prep-Tag im zeitlichen Überblick

Meal-Prep-Zeit für Wochenplan 3: ca. 2 Std. (ohne Abkühlzeit)

Für das Frühstück der kommenden Woche werden gleich mehrere Portionen Granola zubereitet.

Vorbereitende Arbeiten:

Die Vorbereitung ist für alle gedacht, die eine ganze Woche im Voraus planen möchten. Die hier genannten Verarbeitungsschritte werden auch in den jeweiligen Rezepten beschrieben, sodass Sie bei Bedarf jedes Gericht außerhalb Ihres Ernährungsplans kochen können.

10 Min.

Obst, Gemüse und Salat waschen, Kichererbsen abtropfen lassen.

- Heidelbeeren, Kirschtomaten, Tomaten, rote und gelbe Paprikaschoten waschen und abtrocknen.
- Champignons, Blumenkohl und Kürbis säubern, Blumenkohl in Röschen zerteilen.
- Rucola und Feldsalat waschen und trocken schleudern.
- Gekochte Kichererbsen abtropfen lassen.

Diese Arbeiten werden parallel ausgeführt:

50 Min. 300 g (Rohgewicht) Quinoa kochen (= 3 Portionen): Quinoa mit warmem Wasser durchwaschen und abseihen. Zusammen mit 400 ml Wasser und 1 Prise Salz in einen Kochtopf geben und aufkochen lassen. Hitze reduzieren und etwa 15 Min. lang mit geschlossenem Deckel köcheln lassen, bis die Quinoa gar ist und das Wasser absorbiert wurde. Kochtopf von der Herdplatte nehmen, Deckel abnehmen und Quinoa auflockern. Abkühlen lassen. Hummus (S. 72) herstellen.	Ofengemüse und geröstete Paprika (S. 66) zubereiten und ca. 30 Min. backen.	Granola (S. 64) zubereiten und ca. 30 Min. backen (auf weiterem Blech zum Ofengemüse in den Backofen geben).
50 Min. Eiweißbrötchen (S. 76) zubereiten und ca. 25 Min. im Ofen backen (zu den gefüllten Paprikaschoten in den Backofen geben).	Quinoa-Mischung (S. 68) zusammenstellen. Die Hälfte der Quinoa-Mischung zu gebackener Paprika mit Quinoa-Füllung (S. 70) weiterverarbeiten und ca. 30 Min. im Ofen backen.	Ofengemüse-Hähnchen-Curry (S. 74) zubereiten. Paprikadip (S. 75) herstellen.

Alle zubereiteten Speisen abkühlen lassen!

10 Min.
Portionieren der Gerichte:
Folgende Gerichte bereits portionsweise in Behältern zusammenstellen (bitte beachten Sie dazu die Bilder vom Wochenplan S. 57–59) und im Kühlschrank aufbewahren oder einfrieren (bitte beachten Sie die Hinweise zu den Aufbewahrungsmöglichkeiten bei den einzelnen Rezepten):

- **Für Montagmittag**: Ofengemüsemix mit Quinoa (S. 71) fertigstellen

- **Für Dienstagabend**: Ofengemüse (S. 66)

- **Für Mittwochmittag**: Quinoa-Salat (S. 69) zubereiten

- **Für Donnerstagmittag**: Ofengemüse-Hähnchen-Curry (S. 74)

- **Für Freitagmittag**: Gebackene Paprika mit Quinoa-Füllung (S. 70)

Paprikadip und Hummus können bereits in Einzelportionen zusammengestellt oder in jeweils nur ein Glas gefüllt werden. Man entnimmt die Portionen dann am Tag des Verzehrs.
Nun alle Meal-Prep-Gerichte in Behälter verpacken und in den Kühlschrank bzw. falls gefriergeeignet in den Gefrierschrank stellen (für die Gerichte ab Tag 3 bei gefriergeeigneten Mahlzeiten empfohlen).

Die Rezepte der Woche

Granola

Für ca. 600 g / mind. 12 Portionen
Pro Portion (= 50 g): 254 kcal / 21,9 g KH / 9 g P / 13,7 g F

150 g Buchweizen
200 g Haferflocken, fein
80 g Sonnenblumenkerne
80 g Kürbiskerne
30 g Leinsamen
30 g Chiasamen
30 g Sesamkerne
½ TL Salz
1 TL Zimt
40 g Kokosöl
5 EL Agavendicksaft, Ahornsirup oder Süßungsmittel nach Belieben

1. Backofen auf 160 °C Umluft vorheizen.
2. Buchweizen in einer Pfanne bei mittlerer Hitze rösten, bis er leicht duftet.
3. Sämtliche Zutaten bis auf das Kokosöl und den Agavendicksaft in einer großen Schüssel vermengen.
4. Kokosöl in einer kleinen Pfanne erwärmen, bis es flüssig ist. Agavendicksaft dazugeben.
5. Kokosöl-Agavendicksaft-Mischung in die Schüssel zu den anderen Zutaten geben und alles gründlich vermischen.
6. Die Mischung gleichmäßig auf einem mit Backpapier ausgelegten Backblech verteilen und etwa 30 Min. lang backen. Währenddessen mindestens ein Mal wenden.

Tipps und Aufbewahrung:

Hält sich trocken und luftdicht verschlossen mindestens 2 Wochen. Das Müsli kann man auch zu **Müsliriegeln (siehe S. 131)** verarbeiten.

Das Granola lässt sich nach Belieben variieren: z. B. 150 g Buchweizen durch die gleiche Menge anderer Kerne und Haferflocken ersetzen.

Weitere Ideen: grobe Haferflocken, Mandelplättchen oder -stifte, gehackte Nüsse oder Mandeln, Amaranth, Quinoa und viel mehr.

▶ **Granola wird in Woche 3 und 4 von Montag bis Freitag in Frühstücksvariationen verwendet (siehe Wochenplan 3, ab S. 57, und Wochenplan 4, ab S. 78).**

Ofengemüse und geröstete Paprika

Für 3 Portionen
Pro Portion Ofengemüse: 179 kcal / 17,3 g KH / 6,9 g P / 7,3 g F

400 g Blumenkohl
150 g rote Paprikaschote (+ 300 g rote Paprikaschote für den Paprikadip, S. 75)
150 g gelbe Paprikaschote
200 g Hokkaido-Kürbis
200 g Champignons
3 EL Öl, z. B. Olivenöl
Salz, Pfeffer

1. Backofen auf 160 °C Umluft vorheizen. Backblech mit Backpapier auslegen.
2. Blumenkohl, Paprikaschoten und Kürbis waschen und trocken tupfen.
3. Blumenkohl in mundgerechte Röschen schneiden. 150 g rote und 150 g gelbe Paprikaschoten entstielen, entkernen und in Streifen schneiden. Kürbis halbieren, entkernen und in Spalten schneiden. Champignons putzen und je nach Größe halbieren oder vierteln. Gemüse auf das Backblech geben, mit Öl beträufeln und mit Salz und Pfeffer würzen.
4. 300 g rote Paprikaschote für den Dip entstielen, entkernen und halbieren. Die Paprikahälften nicht würzen, sondern einfach zum Mitbacken auf das Backblech legen.
5. In den Backofen geben und etwa 30 Min. lang backen.
6. Ofengemüse in drei gleich große Portionen unterteilen. Rote Paprikahälften für die Weiterverarbeitung zum Paprikadip beiseite stellen.

Tipps und Aufbewahrung:

Im Kühlschrank bis zu 4 Tage haltbar. Zum Einfrieren geeignet.

Gemüse einfach nach Belieben variieren, z. B. mit Brokkoli, Zwiebeln, Kohlrabi, Sellerie etc.

Folgende Mahlzeiten werden damit zubereitet (siehe Wochenplan 3, S. 57):
Montag, Mittagessen ▶ 1 Portion Ofengemüse wird weiterverarbeitet zu **Ofengemüsemix mit Quinoa (S. 71)**
Dienstag, Abendessen ▶ 1 Portion Ofengemüse, **Hummus (S. 72)**
Donnerstag, Mittagessen ▶ 1 Portion Ofengemüse wird weiterverarbeitet zu **Ofengemüse-Hähnchen-Curry (S. 74)**

Quinoa-Mischung

Für 2 Portionen

Pro Portion: 586 kcal / 70,4 g KH / 29 g P / 18,2 g F

½ Bund Minze
150 g Kirschtomaten
gekochte Quinoa (siehe Meal-Prep-Abschnitt 1, 200 g Rohgewicht)
120 g Kichererbsen (gekocht und abgetropft)
2 EL Öl, z. B. Olivenöl
100 g Schafskäse/Feta, leicht, 9 %
Salz, Pfeffer

1. Minze waschen, trocken schütteln und die Blätter hacken.
2. Kirschtomaten waschen, abtrocknen und halbieren.
3. Gekochte Quinoa, Kichererbsen, Minze, Kirschtomaten und Öl in einer großen Schüssel vermengen.
4. Schafskäse mit den Händen zerkrümeln und ebenfalls in die Schüssel geben.
5. Mit Salz und Pfeffer abschmecken.

Tipps und Aufbewahrung:

Im Kühlschrank bis zu 5 Tage haltbar. Zum Einfrieren geeignet.

Folgende Mahlzeiten werden damit zubereitet (siehe Wochenplan 3, ab S. 57):

Mittwoch, Mittagessen ► 1 Portion Quinoa-Mischung wird weiterverarbeitet zu **Quinoa-Salat (S. 69)**

Freitag, Mittagessen ► 1 Portion Quinoa-Mischung wird weiterverarbeitet zu **Gebackene Paprika mit Quinoa-Füllung (S. 70)**

Quinoa-Salat

1 Portion

Pro Portion: 607 kcal / 71,3 g KH / 30,2 g P / 18,9 g F

60 g Feldsalat
1 Portion Quinoa-Mischung (S. 68)
Saft von ½ Limette

Feldsalat waschen, trocken schütteln und mit der Quinoa-Mischung vermengen. Mit etwas Limettensaft beträufeln.

Tipps und Aufbewahrung:

Im Kühlschrank bis zu 3 Tage haltbar. Schmeckt warm und kalt.

Ohne frischen Feldsalat (evtl. erst später dazugeben) bis zu 5 Tage im Kühlschrank haltbar bzw. zum Einfrieren geeignet.

▶ **Quinoa-Salat ist am Mittwoch als Mittagessen geplant (siehe Wochenplan 3, S. 58).**

Gebackene Paprika mit Quinoa-Füllung

Für 1 Portion
Pro Portion: 701 kcal / 70,4 g KH / 29 g P / 18,2 g F

2 rote Paprikaschoten
1 kleine Knoblauchzehe
1 Portion Quinoa-Mischung (S. 68)

1. Backofen auf 160 °C Umluft vorheizen.
2. Paprika waschen, entstielen, der Länge nach halbieren und entkernen.
3. Knoblauch abziehen, fein hacken und mit der Quinoa-Mischung vermengen.
4. Paprikahälften mit der Mischung befüllen, in eine Auflaufform oder auf ein mit Backpapier ausgelegtes Blech geben und etwa 30 Min. lang backen.

Tipps und Aufbewahrung:

Im Kühlschrank bis zu 5 Tage haltbar. Einfrieren möglich.

▶ **Gebackene Paprika mit Quinoa-Füllung ist am Freitag als Mittagessen geplant (siehe Wochenplan 3, S. 59).**

Ofengemüsemix mit Quinoa

Für 1 Portion
Pro Portion: 617 kcal / 77,8 g KH / 29,8 g P / 17,7 g F

30 g Rucola
1 Portion Ofengemüse (S. 66)
1 Portion gekochte Quinoa (siehe Meal-Prep-Abschnitt 1, 100 g Rohgewicht)
20 g geriebener Parmesan

1. Rucola waschen, trocken schütteln und mit Ofengemüse sowie gekochter Quinoa vermengen.
2. Mit geriebenem Parmesan bestreuen.

Tipps und Aufbewahrung:

Im Kühlschrank bis zu 3 Tage haltbar.
Ohne frischen Rucola (evtl. erst später dazugeben) bis zu 5 Tage im Kühlschrank haltbar bzw. zum Einfrieren geeignet.

▶**Ofengemüsemix mit Quinoa ist am Montag als Mittagessen geplant (siehe Wochenplan 3, S. 57).**

Hummus

Für 2 Portionen
Pro Portion: 253 kcal / 18,7 g KH / 8,8 g P / 13 g F

½ Knoblauchzehe
220 g Kichererbsen (gekocht und abgetropft)
4 EL Zitronensaft
1 EL Tahin (Sesampaste)
1 TL Kreuzkümmel
1 EL Öl, z. B. Olivenöl
Salz, Pfeffer

1. Knoblauch abziehen und zusammen mit allen anderen Zutaten in den Mixer geben. Alles miteinander pürieren, bis das Hummus eine glatte Konsistenz hat.
2. Nach Bedarf 1–2 EL Wasser hinzugeben.
3. Mit Salz und Pfeffer abschmecken.

Tipps und Aufbewahrung:

Mit Sesamkernen bestreuen. Im Kühlschrank luftdicht verschlossen bis zu 6 Tage haltbar.

Folgende Mahlzeiten werden damit zubereitet (siehe Wochenplan 3, ab S. 57):
Dienstag, Abendessen ▶ 1 Portion Hummus, 1 Portion **Ofengemüse (S. 66)**, 1 **Eiweißbrötchen (S. 76)**
Freitag, Abendessen ▶ 1 Portion Hummus, 1 **Eiweißbrötchen (S. 76)**

Ofengemüse-Hähnchen-Curry

Für 1 Portion
Pro Portion: 553 kcal / 26,6 g KH / 36,3 g P / 31,7 g F

1 EL Kokosöl
100 g Hähnchenbrustfilet
50 g Zwiebel
1 TL Currypulver
100 ml Gemüsebrühe
1 Portion Ofengemüse (S. 66)
150 ml Kokosmilch light
Salz
1 EL Erdnüsse, gehackt

1. Kokosöl in einer Pfanne bei mittlerer Temperatur erhitzen.
2. Hähnchen abwaschen und mit Küchenpapier trocken tupfen, in kleine Stücke schneiden.
3. Zwiebel abziehen, fein hacken und zusammen mit den Hähnchenstücken im Kokosöl anbraten. Currypulver kurz mitbraten.
4. Gemüsebrühe, Ofengemüse und Kokosmilch hinzugeben und kurz aufkochen. Mit Salz abschmecken und mit gehackten Erdnüssen bestreuen.

Tipps und Aufbewahrung:

Im Kühlschrank bis zu 4 Tage haltbar. Einfrieren möglich.
Mit frisch gehacktem Koriander bestreuen.

▶ **Ofengemüse-Hähnchen-Curry ist am Donnerstag als Mittagessen geplant (siehe Wochenplan 3, S. 58).**

Paprikadip

Für 3 Portionen
Pro Portion: 212 kcal / 9,8 g KH / 7,7 g P / 15,4 g F

- 300 g geröstete rote Paprikaschote (zusammen mit Ofengemüse S. 66 geröstet)
- 80 g Sonnenblumenkerne
- 1 EL Zitronensaft
- 1 TL Öl, z. B. Olivenöl
- ½ TL Oregano
- Salz, Pfeffer

1. Geröstete Paprika enthäuten.
2. Sonnenblumenkerne in einer Pfanne rösten.
3. Alle Zutaten in einen Mixer geben und pürieren bis ein glatter Dip entsteht.
4. Mit Salz und Pfeffer abschmecken.

Tipps und Aufbewahrung:

Im Kühlschrank luftdicht verschlossen bis zu 5 Tage haltbar.

Folgende Mahlzeiten werden damit zubereitet (siehe Wochenplan 3, ab S. 57):
Montag, Abendessen ▶ 1 Portion Paprikadip, 1 **Eiweißbrötchen (S. 76)**
Dienstag, Mittagessen ▶ 1 Portion Paprikadip, 1 **Eiweißbrötchen (S. 76)**
Donnerstag, Abendessen ▶ 1 Portion Paprikadip, 1 **Eiweißbrötchen (S. 76)**

Eiweißbrötchen

Für 6 Stück
Pro Stück: 196 kcal / 3,7 g KH / 14 g P / 12,2 g F

250 g Magerquark, 0,2 %
3 rohe Eier
50 g Mandeln, gemahlen
50 g Leinsamen, geschrotet
50 g Kokosmehl (alternativ: Dinkelvollkornmehl)
1 gehäufter TL Backpulver
1 TL Salz
1 TL Sesamkerne zum Bestreuen

1. Backofen auf 180 °C Umluft vorheizen.
2. Magerquark und Eier in eine Schüssel geben und verquirlen, bis eine glatte Masse entsteht.
3. Restliche Zutaten einrühren und alles gut miteinander vermischen.
4. Den Teig in 6 gleich große Portionen unterteilen und mit den Händen Kugeln formen. Auf ein mit Backpapier ausgelegtes Backblech legen und die Kugeln leicht andrücken. Mit etwas Wasser anfeuchten und mit Sesamkernen bestreuen.
5. Im Backofen etwa 20–25 Min. backen.

Tipps und Aufbewahrung:

Im Kühlschrank bis zu 6 Tage haltbar.

Eiweißbrötchen werden an folgenden Tagen zu den jeweils geplanten Mahlzeiten hinzugefügt (siehe Wochenplan 3, ab S. 57):
Montag, Abendessen / Dienstag, Mittagessen / Mittwoch, Abendessen / Donnerstag, Abendessen / Freitag, Abendessen

WOCHENPLAN 4

Samstag — Einkauf der Lebensmittel nach Bedarfsliste (S. 80)
Sonntag — Meal-Prep-Tag
Granola für das Frühstück wurde in Woche 3 (S. 64) auf Vorrat zubereitet.

	Frühstück	**Mittagessen**	**Abendessen**
Montag	1 Portion **Granola (S. 64)** mit 150 ml Milch, 1,5 %, 50 g Heidelbeeren und 100 g Mangostücken	1 Portion **Grüner Eiersalat (S. 84)**	3 Stück **Pizzamuffins Hähnchen-Tomate (S. 94)**

1348 kcal	***470 kcal / 58g KH / 15,6g P / 17,1g F***	***572 kcal / 16,5g KH / 37,4g P / 37,5g F***	***306 kcal / 35g KH / 17,6g P / 9,6g F***
Dienstag	1 Portion **Granola (S. 64)** mit 150 ml Milch, 1,5 %, 50 g Heidelbeeren und 100 g Mangostücken	1 Portion **Tomaten-Blumenkohlreis mit Eier-Tomaten-Salat (S. 88).** Zubereitungshinweise für den Verzehrtag beachten.	1 Portion **Süßer Blumenkohlreis-Pudding mit Mango und Kiwi (S. 93)**

1393 kcal	***470 kcal / 58g KH / 15,6g P / 17,1g F***	***431 kcal / 22,9g KH / 31,3g P / 19,9g F***	***492 kcal/ 64,6g KH / 20,3g P / 11,9g F***

	Frühstück	Mittagessen	Abendessen
Mittwoch	1 Portion **Granola (S. 64)** mit 120 g Joghurt natur, 1,5 %. 1 Kiwi und 1 Banane in Stücke schneiden.	3 Stück **Pizzamuffins Tomate-Käse (S. 94)**	1 Portion **Hähnchen auf Curry-Blumenkohlreis mit Brokkoli (S. 86)**

1349 kcal	***509 kcal / 65,9g KH / 17,4g P / 16,2g F***	***380 kcal / 37,5g KH / 19,1g P / 17,1g F***	***460 kcal / 17,1g KH / 67,9g P / 8,8g F***
Donnerstag	1 Portion **Granola (S. 64)** mit 150 ml Milch, 1,5 %, 30 g Heidelbeeren und 1 Banane	1 Portion **Gefülltes Hähnchen auf Bulgur mit Salat und Obst (S. 90)** Zubereitungshinweise für den Verzehrtag beachten.	3 Stück **Pizzamuffins Tomate-Käse (S. 94)**

1399 kcal	***477 kcal / 61,5g KH / 15,8g P / 16,5g F***	***542 kcal / 58,8g KH / 40,7g P / 12,3g F***	***380 kcal / 37,5g KH / 19,1g P / 17,1g F***
Freitag	1 Portion **Granola (S. 64)** mit 120 g Joghurt natur, 1,5 %. 1 Kiwi und 1 Banane in Stücke schneiden.	3 Stück **Pizzamuffins Hähnchen-Tomate (S. 94)**	1 **Bunter Bulgursalat (S. 92)** Zubereitungshinweise für den Verzehrtag beachten.

1348 kcal	***509 kcal / 65,9g KH / 17,4g P / 16,2g F***	***306 kcal / 35g KH / 17,6g P / 9,6g F***	***533 kcal / 40,9g KH / 15,9g P / 32,5g F***

Bedarfsliste

- ☐ 3 Bananen
- ☐ 130 g Heidelbeeren
- ☐ 4 Kiwi (3 ½ für die Rezepte)*
- ☐ 400 g Mango
- ☐ 1200 g Blumenkohl
- ☐ 500 g Brokkoli
- ☐ 23 Kirschtomaten
- ☐ 150 g Salatgurke
- ☐ 1 Avocado, ca. 200 g
- ☐ ½ Zwiebel
- ☐ 100 g Salat, z. B. Endivien + 30 g Salat, z. B. Pflücksalat oder Reste von Endivien
- ☐ 1 EL frisch gehackte Kräuter
- ☐ 2 Stängel Basilikum
- ☐ 1 EL Sprossen, optional
- ☐ 4 schwarze Oliven, ohne Stein (nicht in Öl eingelegt)
- ☐ 400 g Hähnchenbrustfilet
- ☐ 2 rohe Eier
- ☐ 5 hart gekochte Eier
- ☐ 50 g Käse, z. B. Emmentaler
- ☐ 100 g Frischkäse light, 0,2 %
- ☐ 390 g Joghurt natur, 1,5 %
- ☐ 750 ml Milch
- ☐ 120 g Bulgur
- ☐ 250 g passierte Tomaten
- ☐ 200 g Dinkelvollkornmehl oder Mehl nach Belieben
- ☐ 25 g Schokoladen-Puddingpulver
- ☐ 1 TL Backpulver
- ☐ 1 TL Kokosflocken
- ☐ 1 EL Agavendicksaft oder Süßungsmittel nach Belieben
- ☐ 4 EL Öl + 3 TL, z. B. Olivenöl
- ☐ 1 TL gelbe Currypaste
- ☐ 11 ½ TL getrocknete Kräuter
- ☐ 3 EL Essig, z. B. Balsamico bianco oder Apfelessig
- ☐ ½ TL Currypulver
- ☐ ½ TL Kurkuma
- ☐ Pizzagewürz, optional
- ☐ Salz, Pfeffer
- ☐ 1 TL Zimt

*½ Kiwi bleibt übrig und kann als Snack für zwischendurch verwendet werden.

Meal-Prep-Tag im zeitlichen Überblick

Meal-Prep-Zeit für Wochenplan 4: ca. 1 Std. 35 Min. (ohne Abkühlzeit)

Vorbereitende Arbeiten:
Die Vorbereitung ist für alle gedacht, die eine ganze Woche im Voraus planen möchten. Die hier genannten Verarbeitungsschritte werden auch in den jeweiligen Rezepten beschrieben, sodass Sie bei Bedarf jedes Gericht außerhalb Ihres Ernährungsplans kochen können.

10 Min.
Obst und Gemüse waschen und vorbereiten

- Heidelbeeren, Kirschtomaten und Salatgurke waschen und abtrocknen.
- Blumenkohl und Brokkoli waschen und trocken tupfen. Brokkoli in Röschen teilen, Blumenkohl raspeln bzw. im Mixer zu Reiskerngröße zerkleinern und in 3 Portionen aufteilen.

Diese Arbeiten werden parallel ausgeführt:

30 Min. 500 g Brokkoliröschen (= 2 Portionen) kochen: Mindestens 2 l Wasser in einem Topf zum Kochen bringen. 1 TL Salz hinzufügen, Brokkoliröschen einfüllen und ca. 5 Min sprudelnd kochen lassen. Falls TK-Brokkoli verwendet wird, Kochzeit um ca. 5 Min. erhöhen. Mit Schaumkelle aus dem kochenden Wasser nehmen und am besten in Eiswasser geben zum Abschrecken, alternativ in ein Sieb abgießen und mit kaltem Wasser übergießen, dann abtropfen lassen.	Hähnchen auf Curry-Blumenkohlreis (S. 86) zubereiten.	Tomaten-Blumenkohlreis (S. 88) zubereiten.
40 Min. Pizzamuffins (S. 94) zubereiten und 20–25 Min. im Ofen backen.	120 g Bulgur lt. Packungsanleitung kochen.	Gefülltes Hähnchen (S. 90) zubereiten. Süßen Blumenkohlreis-Pudding (S. 93) kochen.

Alle zubereiteten Speisen abkühlen lassen!

15 Min.
Portionieren der Gerichte:
Folgende Gerichte bereits portionsweise in Behältern zusammenstellen (bitte beachten Sie dazu die Bilder vom Wochenplan S. 78–79) und im Kühlschrank aufbewahren oder einfrieren (bitte beachten Sie die Hinweise zu den Aufbewahrungsmöglichkeiten bei den einzelnen Rezepten):

- **Für Montag und Dienstag zum Frühstück und Dienstagabend:** 300 g Mango schneiden

- **Für Montagmittag:** Grünen Eiersalat (S. 84) fertigstellen

- **Für Dienstagmittag:** Eier-Tomaten-Salat (S. 88) vorbereiten

- **Für Mittwochabend:** 250 g gekochter Brokkoli zum Hähnchen auf Curry-Blumenkohlreis schichten (S. 86)

- **Für Donnerstagmittag:** Gefülltes Hähnchen zum Bulgur (S. 90)

- **Für Freitagabend:** Bunten Bulgursalat (S. 92) vorbereiten

Nun alle Meal-Prep-Gerichte in Behälter verpacken und in den Kühlschrank oder falls gefriergeeignet in den Gefrierschrank stellen (für die Gerichte ab Tag 3 bei gefriergeeigneten Mahlzeiten empfohlen).

Die Rezepte der Woche

Grüner Eiersalat

1 Portion
Pro Portion: 572 kcal / 16,5 g KH / 37,4 g P / 37,5 g F

250 g Brokkoli (+ 250 g Brokkoli für Hähnchen auf Curry-Blumenkohlreis mit Brokkoli, S. 86)
Salz
½ Avocado, ca. 100 g
150 g Salatgurke
2 hart gekochte Eier
100 g Frischkäse light, 0,2 %
Pfeffer
½–1 TL getrocknete Kräuter

1. Brokkoli waschen, in Röschen schneiden und blanchieren. In einem großen Topf ausreichend Wasser zum Kochen bringen, eine Prise Salz einrühren und Brokkoli ca. 1–1 ½ Min. köcheln. Wasser abseihen, in Eiswasser abschrecken.
2. Avocado schälen, entkernen. Gurke waschen, mitsamt Avocado in Scheiben schneiden und nochmals halbieren.
3. Eier schälen und vierteln.
4. Frischkäse mit Wasser glatt rühren, mit den Eiern zur Salatmischung hinzufügen.
5. Nochmals kräftig salzen und pfeffern, mit Kräutern abschmecken.

Tipps und Aufbewahrung:

Im Kühlschrank bis zu 2 Tage haltbar.

Folgende Mahlzeiten werden damit zubereitet (siehe Wochenplan 4, S. 78):
Montag, Mittagessen ▶ 1 Portion Grüner Eiersalat
Mittwoch, Abendessen ▶ 250 g Brokkoli wird für **Hähnchen auf Curry-Blumenkohlreis mit Brokkoli (S. 86)** verwendet.

Hähnchen auf Curry-Blumenkohlreis mit Brokkoli

Für 1 Portion

Pro Portion: 460 kcal / 17,1 g KH / 67,9 g P / 8,8 g F

1 EL Öl, z. B. Olivenöl
210 g Hähnchenbrustfilet (+ 50 g Hähnchenbrustfilet für Pizzamuffins, S. 94)
Salz, Pfeffer
1 Portion Blumenkohlreis (siehe Meal-Prep-Abschnitt »Vorbereitende Arbeiten« = 400 g Blumenkohl)
1 TL gelbe Currypaste
½ TL Currypulver
½ TL Kurkuma
250 g gekochter Brokkoli (siehe Grüner Eiersalat S. 84)

1. Olivenöl in einer Pfanne erhitzen. Hähnchenbrust säubern, in mundgerechte Stücke schneiden, mit Salz und Pfeffer würzen, bei mittlerer Hitze unter mehrmaligem Wenden anbraten. Dann 50 g davon für die **Pizzamuffins (S. 94)** aus der Pfanne nehmen und beiseite legen.
2. Blumenkohlreis hinzufügen, mit Currypaste, Currypulver und Kurkuma kurz anschwitzen. Gegebenenfalls nochmals salzen und pfeffern.
3. Brokkoli mit Salz und Pfeffer abschmecken.

Tipps und Aufbewahrung:

Mit frischen Basilikumblättern oder Sprossen servieren.
Im Kühlschrank bis zu 4 Tage haltbar. Zum Einfrieren geeignet.

Folgende Mahlzeiten werden damit zubereitet (siehe Wochenplan 4, S. 79):
Montag, Abendessen ▶ 1 Portion Hähnchen auf Curry-Blumenkohlreis mit Brokkoli.
50 g Hähnchenbrustfilet wird in **Pizzamuffins Hähnchen-Tomaten-Variante (S. 94)** verwendet.

Tomaten-Blumenkohlreis mit Eier-Tomaten-Salat

Für 1 Portion
Pro Portion: 431 kcal / 22,9 g KH / 31,3 g P / 19,9 g F

400 g Blumenkohl
½ Zwiebel
2 Stängel Basilikum
250 g passierte Tomaten
100 g Endiviensalat
5 Kirschtomaten
2 hart gekochte Eier
1 TL Öl, z. B. Olivenöl
1 EL Essig, z. B. Balsamico bianco oder Apfelessig
Salz, Pfeffer

1. Blumenkohl von Strunk und Grün befreien, waschen und fein reiben (Reisgröße).
2. Zwiebel abziehen, fein hacken. In einer Pfanne ohne Zugabe von Fett Zwiebel und Blumenkohl duftend anbraten.
3. Basilikum waschen, trocken schütteln, Blätter zupfen. Einen Teil davon grob hacken, unter die passierten Tomaten mischen. Tomatenmischung zum Blumenkohl geben und einköcheln lassen, mit Salz und Pfeffer abschmecken.
4. Salat waschen, trocken schütteln bzw. am besten trocken schleudern und in mundgerechte Stücke schneiden. Kirschtomaten waschen und halbieren. Eier schälen, vierteln und in Würfel schneiden. Mit den Tomatenhälften unter den Salat mischen.
5. Gericht mit den verbliebenen Basilikumblättern dekorieren.

Fertigstellung am Verzehrtag:

Mit Olivenöl und Apfelessig beträufeln, mit Salz und Pfeffer abschmecken.

Tipps und Aufbewahrung:

Tomaten-Blumenkohlreis ist im Kühlschrank bis zu 3 Tage haltbar. Zum Einfrieren geeignet.

Sobald der Salat gewaschen ist, sollte er innerhalb von 2–3 Tagen verzehrt werden. Am besten man schleudert ihn in einer Salatschleuder sehr trocken.

Tomaten-Blumenkohlreis und Salat separat lagern.

▶ **Tomaten-Blumenkohlreis mit Eier-Tomaten-Salat ist am Dienstag als Mittagessen geplant (siehe Wochenplan 4, S. 78).**

Gefülltes Hähnchen auf Bulgur mit Salat und Obst

Für 1 Portion
Pro Portion: 542 kcal / 58,5 g KH / 40,7 g P / 12,3 g F

60 g Bulgur
140 g Hähnchenbrustfilet
½ TL getrocknete Kräuter
2 TL Öl, z. B. Olivenöl
4 Kirschtomaten
30 g Salat, z. B. Pflücksalat oder Reste von Endivien
1 EL Essig, z. B. Balsamico bianco oder Apfelessig
1 EL Sprossen, optional
Salz, Pfeffer
100 g Mango
1 Kiwi

1. Bulgur laut Packungsanleitung zubereiten.
2. Eine Tasche in die Hähnchenbrust schneiden, mit Salz, Pfeffer und Kräutern würzen.
3. 1 TL Öl in einer Pfanne erhitzen. Kirschtomaten waschen und halbieren. Circa 3 Tomatenhälften in die Hähnchentasche füllen, mit einem Zahnstocher fixieren. In Olivenöl beidseitig anbraten. Vorsichtig in Scheiben schneiden.

Fertigstellung am Verzehrtag:

1. Salat waschen, trocken schütteln und in mundgerechte Stücke schneiden. Restliche Kirschtomaten hinzufügen, mit dem restlichen TL Olivenöl und Apfelessig beträufeln. Mit Salz und Pfeffer abschmecken. Optional: Sprossen darüber streuen.
2. Mango und Kiwi schälen, in halbierte Scheiben und Würfel schneiden.

Tipps und Aufbewahrung:

Das gefüllte Hähnchen mit Bulgur ist im Kühlschrank bis zu 5 Tage haltbar. Zum Einfrieren geeignet.

Sobald der Salat gewaschen ist, sollte er innerhalb von 2–3 Tagen verzehrt werden. Am besten man schleudert ihn in einer Salatschleuder sehr trocken.

Anstatt Bulgur kann man auch Quinoa, Couscous oder Reis verwenden. Zubereiteter Bulgur ist bis zu 5 Tage im Kühlschrank haltbar.

▶ **Gefülltes Hähnchen auf Bulgur mit Salat und Obst ist am Donnerstag als Mittagessen geplant (siehe Wochenplan 4, S. 79).**

Bunter Bulgursalat

Für 1 Portion
Pro Portion: 533 kcal / 40,9 g KH / 15,9 g P / 32,5 g F

- 60 g Bulgur
- Salz, Pfeffer
- 4 schwarze Oliven, ohne Stein (nicht in Öl eingelegt), 114 kcal/100 g
- 8 Kirschtomaten
- 1 hart gekochtes Ei
- ½ Avocado, ca. 100 g
- 1 EL Essig, z. B. Balsamico bianco
- 1 EL Öl
- 1 EL frisch gehackte Kräuter

Bulgur laut Packungsanleitung zubereiten. Mit Salz und Pfeffer abschmecken, Oliven klein schneiden und untermischen.

Fertigstellung am Verzehrtag:

1. Kirschtomaten waschen, 3 Stück kleiner schneiden.
2. Ei schälen und in Spalten schneiden.
3. Avocado schälen, entkernen und in Scheiben schneiden. 2 dieser Scheiben in kleine Stücke schneiden. Avocadostücke und einige der Ei-Spalten mit dem Bulgur-Oliven-Mix, Essig und Öl vermengen. Mit den Kräutern bestreuen.
4. Restliche Ei-Spalten, Tomaten und Avocadoscheiben hinzufügen.

Tipps und Aufbewahrung:

Anstatt Bulgur kann man auch Quinoa, Couscous oder Reis verwenden. Zubereiteter Bulgur ist bis zu 5 Tage im Kühlschrank haltbar.
Die Avocado sollte frisch am Verzehrtag hinzufügt werden.

▶ **Bunter Bulgursalat ist am Freitag als Abendessen geplant (siehe Wochenplan 4, S. 79).**

Süßer Blumenkohlreis-Pudding mit Mango und Kiwi

1 Portion
Pro Portion: 492 kcal / 64,6 g KH / 20,3 g P / 11,9 g F

- 400 g Blumenkohl
- 250 ml Milch oder ungesüßte Mandelmilch
- 150 ml Wasser
- 25 g Schokoladen-Puddingpulver
- 1 TL Zimt
- 1 EL Agavendicksaft oder Süßungsmittel nach Belieben
- ½ Mango, ca. 100 g
- ½ Kiwi, ca. 45 g
- 1 TL Kokosflocken

1. Blumenkohl säubern und putzen, dann in Röschen und Stücke schneiden. Diese fein in Reisgröße reiben oder mit einem Hochleistungsmixer zerkleinern.
2. Mit Milch und 100 ml Wasser zum Kochen bringen. Restliche 50 ml Wasser mit Puddingpulver, Zimt und Süßungsmittel glatt rühren. Blumenkohltopf von der Herdplatte nehmen, Puddinggemisch einrühren und nochmals aufkochen. So lange umrühren, bis sich die Masse verdickt.
3. Mango und Kiwi schälen, in Scheiben und Würfel schneiden. Separat lagern und vor dem Verzehr auf den Pudding geben. Mit Kokosflocken bestreuen.

Tipps und Aufbewahrung:

Der Blumenkohlreis-Pudding schmeckt warm und kalt. Im Kühlschrank bis zu 3 Tage haltbar.

▶ **Süßer Blumenkohlreis-Pudding ist für Dienstag als Abendessen geplant (siehe Wochenplan 4, S. 78).**

Pizzamuffins mit Variationen

Für 12 Stück = 4 Portionen

Pro Stück

Tomate-Käse-Variante: 127 kcal / 12,5 g KH / 6,4 g P / 5,7 g F

Hähnchen-Tomate-Variante: 102 kcal / 11,7 g KH / 5,9 g P / 3,2 g F

150 g Joghurt natur, 1,5 %
2 rohe Eier
50 ml Milch
2 EL Öl, z. B. Olivenöl
200 g Dinkelvollkornmehl oder Mehl nach Belieben
1 TL Backpulver
Salz, Pfeffer
Pizzagewürz, optional
6 Kirschtomaten
50 g Käse, z. B. Emmentaler
50 g gebratenes Hähnchenfilet in Stücken (siehe Hähnchen auf Curry-Blumenkohlreis S. 86)

1. Backofen auf 180 °C Umluft vorheizen.
2. Joghurt, Eier, Milch und Öl verrühren.
3. Mehl und Backpulver mit Gewürzen unterheben und alles gut vermischen.
4. Kirschtomaten waschen und klein schneiden.
5. Für die verschiedenen Variationen die einzelnen Zutaten wie folgt unterheben: Erst die Tomatenstücke einrühren, dann in 6 Muffinförmchen geben und mit Käse bestreuen. Dann die Hähnchenstücke einrühren und die nächsten 6 Muffinförmchen befüllen. So ergeben sich 6 Muffins mit Tomate-Käse und 6 Muffins mit Tomate-Hähnchen.
6. Im Ofen ca. 20–25 Min. backen.

Tipps und Aufbewahrung:

Die Muffins lassen sich beliebig variieren z. B. mit Stücken aus Paprikaschoten, Zucchini, Zwiebeln, gekochtem Schinken, Salami, Mais oder Champignons.
Im Kühlschrank bis zu 6 Tage haltbar. Zum Einfrieren geeignet.

Folgende Mahlzeiten werden damit zubereitet (siehe Wochenplan 4, ab S. 78):
Montag, Abendessen ▶ 3 Stück Pizzamuffins Hähnchen-Tomate
Mittwoch, Mittagessen ▶ 3 Stück Pizzamuffins Tomate-Käse
Donnerstag, Abendessen ▶ 3 Stück Pizzamuffins Tomate-Käse
Freitag, Mittagessen ▶ 3 Stück Pizzamuffins Hähnchen-Tomate

WOCHENPLAN 5

Samstag	Einkauf der Lebensmittel nach Bedarfsliste (S. 98)
Sonntag	Meal-Prep-Tag

	Frühstück	Mittagessen	Abendessen
Montag	1 Portion **Kirsch-Chiapudding (S. 102)**	1 Portion **Gurken-Forellen-Salat (S. 110)**	1 Portion **Griechischer Hirsesalat (S. 111)**

1313 kcal	***470 kcal / 56,6g KH / 28,8g P / 26,7g F***	***280 kcal / 9,9g KH / 33g P / 12g F***	***563 kcal / 52,1g KH / 21,6g P / 28,4g F***
Dienstag	1 Portion **Himbeer-Chiapudding (S. 102)** Zubereitungshinweise beachten: Am Abend vorher restliche Zutaten hinzufügen.	1 Portion **Brokkoli-Karotten-Salat (S. 105)** mit 1 Portion **Fleischbällchen (S. 104)**	1 Portion **Gurken-Forellen-Salat (S. 110)**

1303 kcal	***456 kcal / 50,3g KH / 29,1g P / 26,9g F***	***567 kcal / 27,2g KH / 40,7g P / 26g F***	***280 kcal / 9,9g KH / 33g P / 12g F***
Mittwoch	1 Portion **Heidelbeer-Chiapudding (S. 102)** Zubereitungshinweise beachten: Am Abend vorher restliche Zutaten hinzufügen.	1 Portion **Brokkoli-Creme-Suppe (S. 106)** mit 1 Portion **Fleischbällchen (S. 104)**	1 Portion **Zucchini-Karotten-Auflauf (S. 108)**

	Frühstück	Mittagessen	Abendessen
Mittwoch			
1397 kcal	***448 kcal / 50,7g KH / 28,5g P / 27g F***	***458 kcal / 10,3g KH / 35,4g P / 27g F***	***491 kcal/ 26g KH/ 46,2g P/18,1g F***
Donnerstag	1 Portion **Schoko-Kirsch-Chiapudding (S. 102)** Zubereitungshinweise beachten: Am Abend vorher restliche Zutaten hinzufügen. 	1 Portion **Zucchini-Karotten-Auflauf (S. 108)** 	1 Portion **Gebackene Zucchini mit Hirsefüllung (S. 112)** 
1351 kcal	***488 kcal / 57g KH / 29,8g P / 27,7g F***	***491 kcal / 26g KH / 46,2g P / 18,1g F***	***372 kcal / 38,4g KH / 17,4g P / 15,6g F***
Freitag	1 Portion **Schoko-Kakaonibs-Chiapudding (S. 102)** Zubereitungshinweise beachten: Am Abend vorher restliche Zutaten hinzufügen. 	1 Portion **Brokkoli-Creme-Suppe (S. 106)** mit 1 Portion **Fleischbällchen (S. 104)** 	1 Portion **Zucchininudeln mit Fleischbällchen und Tomatensauce (S. 109)** Zubereitungshinweise beachten: Am Verzehrtag restliche Zutaten hinzufügen. 
1360 kcal	***453 kcal / 44g KH / 30,1g P / 30g F***	***458 kcal / 10,3g KH / 35,4g P / 27g F***	***449 kcal / 22,4g KH / 22,8g P / 25,2g F***

Bedarfsliste

- ☐ 100 g Heidelbeeren, z. B. TK
- ☐ 200 g Kirschen, z. B. TK
- ☐ 100 g Himbeeren, z. B. TK
- ☐ 1 Zucchini + 800 g Zucchini
- ☐ 500 g Brokkoli, z. B. TK
- ☐ 150 g bunte Kirschtomaten
- ☐ 750 g Karotten
- ☐ 1 Salatgurke, ca. 400 g
- ☐ 250 g Brokkoli, frisch oder TK
- ☐ 4 Lauchzwiebeln
- ☐ 1 Bund Petersilie (oder 4 EL TK-Petersilie, gehackt)
- ☐ ½ rote Zwiebel
- ☐ 250 g geräucherte Forellenfilets
- ☐ 250 g Hähnchengeschnetzeltes
- ☐ 500 Hackfleisch, z. B. vom Rind
- ☐ 1 Ei
- ☐ 200 g Schafskäse/Feta, leicht, 9 %
- ☐ 50 g Frischkäse
- ☐ 800 g Joghurt natur, 1,5 %
- ☐ 50 g Schmand
- ☐ 100 g Hirse
- ☐ 50 g Oliven, z. B. Kalamata
- ☐ 750 g passierte Tomaten
- ☐ 1 TL Flohsamenschalen (alternativ: Semmelbrösel)
- ☐ 10 g Kakaopulver
- ☐ 5 g Kakaonibs (alternativ: Bitterschokolade-Raspel)
- ☐ 150 g Chiasamen
- ☐ 1 EL Zitronensaft
- ☐ 1,2 l Gemüsebrühe
- ☐ 2 EL Tomatenmark
- ☐ 4 EL Öl, z. B. Olivenöl
- ☐ 1 TL Butterschmalz oder Olivenöl
- ☐ 2 EL Essig, z. B. Balsamico bianco
- ☐ 1 Prise Dill, getrocknet
- ☐ 1 Prise Oregano, getrocknet
- ☐ 1 Prise Muskatnuss, gemahlen
- ☐ Salz, Pfeffer
- ☐ Zimt nach Belieben

Meal-Prep-Tag im zeitlichen Überblick

Meal-Prep-Zeit für Wochenplan 5: ca. 1 Std. 40 Min. (ohne Abkühlzeit)

Vorbereitende Arbeiten:
Die Vorbereitung ist für alle gedacht, die eine ganze Woche im Voraus planen möchten. Die hier genannten Verarbeitungsschritte werden auch in den jeweiligen Rezepten beschrieben, sodass Sie bei Bedarf jedes Gericht außerhalb Ihres Ernährungsplans kochen können.

10 Min.
Gemüse waschen und vorbereiten

- Brokkoli waschen und in Röschen teilen. Karotten, Kirschtomaten, Salatgurke und Zucchini waschen und abtrocknen. Lauchzwiebeln waschen, putzen und in dünne Röllchen schneiden.

Diese Arbeiten werden parallel ausgeführt:

<table>
<tr><td>40 Min.

Zucchini-Karotten-Auflauf (S. 108) zubereiten

und ca. 20–25 Min. im Ofen backen.</td><td>100 g (Rohgewicht) Hirse kochen:

Hirse heiß waschen und in einem Topf mit 200 ml Wasser aufkochen. Hitze reduzieren und ca. 10 Min. köcheln lassen.

Chiapudding vorbereiten:

Chiasamen mit Wasser verrühren und auf die 5 Gläser gleichmäßig verteilen. Mit Schraubdeckel gut verschließen und in den Kühlschrank stellen.</td><td>500 g Brokkoli und die Hälfte der geschnittenen Lauchzwiebelröllchen (siehe Brokkoli-Creme-Suppe S. 106) zubereiten:

In einem Topf Butterschmalz erhitzen und die Frühlingszwiebeln darin anbraten.

Brokkoli dazugeben, mit Brühe aufgießen und köcheln lassen, bis der Brokkoli gar ist.

Anschließend 250 g für den Brokkoli-Karotten-Salat (S. 105) entnehmen und abseihen. Danach die Suppe fertigstellen:

Frischkäse hinzufügen und mit einem Pürierstab alles zu einer sämigen Suppe pürieren.

Mit Salz, Pfeffer, Oregano und Muskatnuss abschmecken.</td></tr>
<tr><td>40 Min.

Griechischen Hirsesalat (S. 111) fertigstellen.

Zucchini für gebackene Zucchini (S. 112) vorbereiten und im Ofen ca. 20 Min. backen.</td><td>Fleischbällchen (S. 104) herausbraten.</td><td>Gurken-Forellen-Salat (S. 110) zubereiten.</td></tr>
</table>

Alle zubereiteten Speisen abkühlen lassen!

10 Min.
Portionieren der Gerichte:
Folgende Gerichte bereits portionsweise in Behältern zusammenstellen (bitte beachten Sie dazu die Bilder vom Wochenplan S. 96–97) und im Kühlschrank aufbewahren oder einfrieren (bitte beachten Sie die Hinweise zu den Aufbewahrungsmöglichkeiten bei den einzelnen Rezepten):

- **Für Montagmittag und Dienstagabend**: Jeweils 1 Portion Gurken-Forellen-Salat (S. 110)

- **Für Montagabend**: 1 Portion Griechischer Hirsesalat (S. 111)

- **Für Dienstagmittag**: 1 Portion Brokkoli-Karotten-Salat (S. 105), 1 Portion Fleischbällchen (S. 104)

- **Für Mittwochabend und Donnerstagmittag**: Jeweils 1 Portion Zucchini-Karotten-Auflauf (S. 108)

- **Für Freitagabend**: Zucchininudeln (S. 109) schneiden (oder erst am Verzehrtag selbst), 1 Portion Fleischbällchen (S. 104)

- Restliche Fleischbällchen können am Verzehrtag zu den einzelnen Gerichten laut Plan hinzufügt werden.

Nun alle Meal-Prep-Gerichte in Behälter verpacken und in den Kühlschrank oder falls gefriergeeignet in den Gefrierschrank stellen (für die Gerichte ab Tag 3 bei gefriergeeigneten Mahlzeiten empfohlen).

Die Rezepte der Woche

Chiapudding in verschiedenen Varianten

5 Portionen
Pro Portion:
Kirsch-Variante: 470 kcal / 56,6 g KH / 28,8 g P / 26,7 g F
Himbeer-Variante: 456 kcal / 50,3 g KH / 29,1 g P / 26,9 g F
Heidelbeer-Variante: 448 kcal / 50,7 g KH / 28,5 g P / 27 g F
Schoko-Kirsch-Variante: 488 kcal / 57 g KH / 29,8 g P / 27,7 g F
Schoko-Kakaonibs: 453 kcal / 44 g KH / 30,1 g P / 30 g F

150 g Chiasamen
ca. 1 l Wasser
5 x 120 g Joghurt natur, 1,5 %
200 g Kirschen, z. B. TK
100 g Himbeeren, z. B. TK
100 g Heidelbeeren, z. B. TK
10 g Kakaopulver
5 g Kakaonibs (alternativ: Bitterschokolade-Raspel)
Zimt nach Belieben
5 Schraubgläser mit einem Fassungsvermögen von mind. 500 ml

1. Chiasamen mit Wasser verrühren und gleichmäßig in die 5 Gläser verteilen. Mit dem Schraubdeckel gut verschließen und in den Kühlschrank stellen.
2. Für die abschließende Zubereitung sind je nach Variante am Abend vor dem Verzehr einige einfache Handgriffe nötig: Schraubglas aus dem Kühlschrank nehmen und schütteln. Joghurt hinzufügen und im Glas mit einem Löffel gut verrühren.

3. Kirsch-Variante: 100 g TK-Kirschen hinzufügen.
   Himbeer-Variante: Himbeeren hinzufügen.
   Heidelbeer-Variante: 100 g Heidelbeeren hinzufügen.
   Schoko-Kirsch-Variante: 5 g Kakaopulver und 100 g Kirschen hinzufügen.
   Schoko-Kakaonibs-Variante: 5 g Kakaopulver und die Kakaonibs hinzufügen.
4. Das Glas wieder verschließen und für das Frühstück am nächsten Morgen zurück in den Kühlschrank stellen. Nach Belieben mit Zimt bestreuen.

Tipps und Aufbewahrung:

Chiagel (Chiasamen mit Wasser) ist luftdicht verpackt, z. B. in Schraubgläsern, im Kühlschrank bis zu 7 Tage haltbar.

Folgende Mahlzeiten werden damit zubereitet (siehe Wochenplan 5, ab S. 96):

Montag, Frühstück ▶ 1 Portion Kirsch-Chiapudding

Dienstag, Frühstück ▶ 1 Portion Himbeer-Chiapudding

Mittwoch, Frühstück ▶ 1 Portion Heidelbeer-Chiapudding

Donnerstag, Frühstück ▶ 1 Portion Schoko-Kirsch-Chiapudding

Freitag, Frühstück ▶ 1 Portion Schoko-Kakaonibs-Chiapudding

Fleischbällchen

4 Portionen
Pro Portion: 341 kcal / 1 g KH / 27,9 g P / 22,3 g F

½ Bund Petersilie (oder 2 EL TK-Petersilie, gehackt)
500 Hackfleisch, z. B. vom Rind
1 Ei
1 TL Flohsamenschalen (alternativ: Semmelbrösel)
Salz, Pfeffer
1 EL Öl, z. B. Olivenöl

1. Petersilie waschen, trocken schütteln und klein hacken.
2. Hackfleisch, Ei, Flohsamenschalen und Petersilie vermengen, mit Salz und Pfeffer würzen und gut verkneten. Danach in 2–3 cm große Bällchen formen.
3. Öl in einer Pfanne erhitzen und die Hackbällchen erst von allen Seiten scharf anbraten und dann bei mittlerer Hitze ca. 5–10 Min. durchbraten.

Tipps und Aufbewahrung:

Im Kühlschrank bis zu 6 Tage haltbar. Zum Einfrieren geeignet.
Auf einen Holzspieß stecken. Eignet sich als Beilage für Suppen oder zum Brötchen.

Folgende Mahlzeiten werden damit zubereitet (siehe Wochenplan 5, ab S. 96):
Dienstag, Mittagessen ▶ 1 Portion Fleischbällchen, 1 Portion **Brokkoli-Karotten-Salat (S. 105)**
Mittwoch, Mittagessen ▶ 1 Portion Fleischbällchen, 1 Portion **Brokkoli-Creme-Suppe (S. 106)**
Freitag, Mittagessen ▶ 1 Portion Fleischbällchen, 1 Portion **Brokkoli-Creme-Suppe (S. 106)**
Freitag, Abendessen ▶ 1 Portion Fleischbällchen werden zu **Zucchininudeln mit Hackfleischbällchen und Tomatensauce (S. 109)** weiterverarbeitet.

Brokkoli-Karotten-Salat

1 Portion
Pro Portion (nur Salat): 226 kcal / 26,2 g KH / 12,8 g P/ 3,7 g F

2 Lauchzwiebeln
250 g Karotten
250 gekochter Brokkoli (siehe Brokkoli-Creme-Suppe S. 106)
50 g Joghurt natur, 1,5 %
2 EL Essig, z. B. Balsamico bianco
Salz, Pfeffer

1. Lauchzwiebeln waschen und in dünne Röllchen schneiden.
2. Karotten waschen, schälen und in dünne Scheiben schneiden.
3. Lauchzwiebeln, Karotten und Brokkoli in einer Schüssel vermengen und nach dem Abkühlen des Brokkoli in ein Schraubglas umfüllen, mit einem Schraubdeckel verschließen und in den Kühlschrank stellen.
4. Am Verzehrtag Joghurt und Essig hinzufügen. Mit Salz und Pfeffer abschmecken.

Tipps und Aufbewahrung:

Kann im Kühlschrank luftdicht im Schraubglas verschlossen ohne Dressing bis zu 5 Tage gelagert werden.
Dazu schmecken z. B. **Fleischbällchen (S. 104)** oder ein Vollkornbrötchen.

▸ **Brokkoli-Karotten-Salat ist mit 1 Portion Fleischbällchen am Dienstag als Mittagessen geplant (siehe Wochenplan 5, S. 96).**

Brokkoli-Creme-Suppe

Für 2 Portionen

Pro Portion: 117 kcal/ 9,3 g KH/ 7,5 g P/ 4,7 g F

2 Lauchzwiebeln
250 Brokkoli frisch oder TK (+ 250 g Brokkoli für den Brokkoli-Karotten-Salat S. 105)
1 TL Butterschmalz oder Olivenöl
1,2 l Gemüsebrühe
50 g Frischkäse
Salz, Pfeffer
1 Prise Oregano, getrocknet
1 Prise Muskatnuss, gemahlen

1. Lauchzwiebeln waschen und in dünne Röllchen schneiden.
2. Brokkoli waschen und in Röschen teilen.
3. In einem Topf Butterschmalz erhitzen und die Frühlingszwiebeln darin anbraten.
4. 500 Brokkoli dazugeben, mit Brühe aufgießen und köcheln lassen, bis er gar ist. (250 g Brokkoli entnehmen und für den Brokkoli-Karotten-Salat beiseite legen.)*
5. Frischkäse hinzufügen und mit einem Pürierstab alles zu einer sämigen Suppe pürieren.
6. Mit Salz, Pfeffer, Oregano und Muskatnuss abschmecken.

Tipps und Aufbewahrung:

Die Suppe noch heiß portionsweise in Schraubgläser füllen. Nach dem Abkühlen in den Kühlschrank stellen. Auf diese Weise ist die Suppe bis zu 6 Tage haltbar.
Gut zu kombinieren mit **Fleischbällchen (S. 104),** Schinken oder Croûtons.

* Hier wird der Brokkoli für den **Brokkoli-Karotten-Salat (S. 105)** gleich mit zubereitet. Sobald er gar gekocht ist, 250 g entnehmen und abseihen. Danach die restlichen 250 g für die Suppe ab Schritt 4 fertigstellen.

Folgende Mahlzeiten werden damit zubereitet (siehe Wochenplan 5, S. 96):
Dienstag, Mittagessen ▸ 250 g Brokkoli werden zu **Brokkoli-Karotten-Salat (S. 105)** weiterverarbeitet.
Mittwoch, Mittagessen ▸ 1 Portion Brokkoli-Creme-Suppe mit **Fleischbällchen (S. 104)**
Freitag, Mittagessen ▸ 1 Portion Brokkoli-Creme-Suppe mit **Fleischbällchen (S. 104)**

Zucchini-Karotten-Auflauf

2 Portionen
Pro Portion: 491 kcal / 26 g KH / 46,2 g P / 18,1 g F

500 g Karotten
400 g Zucchini
250 g Hähnchengeschnetzeltes
1 EL Öl, z. B. Olivenöl
500 g passierte Tomaten
Salz, Pfeffer
1 Prise Oregano, getrocknet
100 g Schafskäse/Feta, leicht, 9 %

1. Backofen auf 180 °C Umluft vorheizen.
2. Karotten waschen, schälen und in dünne Scheiben schneiden.
3. Zucchini waschen, abtrocknen und in kleine Würfel schneiden.
4. Öl in einer Pfanne erhitzen und Hähnchengeschnetzeltes darin anbraten.
5. Dann Zucchini sowie Karotten dazugeben. Mit passierten Tomaten ablöschen und mit Salz, Pfeffer und Oregano abschmecken.
6. Falls möglich in 2 kleine Auflaufformen verteilen und jeweils den Feta darüber bröseln.
7. Für ca. 20–25 Min. in den vorgeheizten Backofen bei 180 °C Umluft geben.

Tipps und Aufbewahrung:

Im Kühlschrank bis zu 5 Tage haltbar. Zum Einfrieren geeignet.
Falls man 2 kleine Auflaufformen hat, kann man die Portionen nach dem Abkühlen in Kühlschrank oder Gefrierschrank verstauen und später auch gleich darin erwärmen.

Folgende Mahlzeiten werden damit zubereitet (siehe Wochenplan 5, S. 97):
Mittwoch, Abendessen ▶ 1 Portion Zucchini-Karotten-Auflauf
Donnerstag, Mittagessen ▶ 1 Portion Zucchini-Karotten-Auflauf

Zucchini-Nudeln mit Fleischbällchen und Tomatensauce

1 Portion
Pro Portion: 483 kcal / 23,8 g KH / 38,6 g P / 24,2 g F

400 g Zucchini
1 Portion Fleischbällchen (S. 104)
250 g passierte Tomaten
Salz, Pfeffer
1 Prise Oregano, getrocknet
Spiralschneider oder Sparschäler

1. Zucchini waschen und mit dem Spiralschneider zu Zucchininudeln verarbeiten.
2. Die abgekühlten Fleischbällchen zu den Zucchininudeln in einen Behälter geben und im Kühlschrank verwahren.
3. Am Verzehrtag Zucchininudeln mit Fleischbällchen und den passierten Tomaten in einer Pfanne erwärmen. Mit Salz, Pfeffer und Oregano abschmecken. Die Zucchininudeln bis zur gewünschten Konsistenz entweder nur erwärmen (knackig) oder 5–7 Min. köcheln lassen (weich).

Tipps und Aufbewahrung:

Zucchininudeln mit Fleischbällchen können im Kühlschrank bis zu 5 Tage gelagert werden. Sauce mit Gewürzen am besten am Verzehrtag zum gemeinsamen Erwärmen der Zutaten hinzufügen.

▶ **Zucchininudeln mit Fleischbällchen und Tomatensauce sind am Freitag als Abendessen geplant (siehe Wochenplan 5, S. 97).**

Gurken-Forellen-Salat

2 Portionen

Pro Portion: 280 kcal / 9,9 g KH / 33 g P / 12 g F

1 Salatgurke, ca. 400 g
250 g geräucherte Forellenfilets
150 g Joghurt natur, 1,5 %
50 g Schmand
Salz, Pfeffer
1 Prise Dill, getrocknet

1. Gurke waschen, abtrocknen, der Länge nach halbieren und vierteln. Dann aushöhlen und nur das feste Fruchtfleisch in Würfel schneiden.
2. Forellenfilets ebenfalls klein schneiden oder kleiner zupfen und mit den Gurken vermengen.
3. Joghurt und Schmand verrühren. Mit Salz, Pfeffer und Dill würzen.
4. Joghurt-Schmand-Mischung zu Gurken- und Fischstücken geben und miteinander vermengen.
5. Erneut mit Gewürzen abschmecken und in zwei Portionen abfüllen.

Tipps und Aufbewahrung:

Im Kühlschrank bis zu 3 Tage haltbar.

Folgende Mahlzeiten werden damit zubereitet (siehe Wochenplan 5, S. 96):

Montag, Mittagessen ▶ 1 Portion Gurken-Forellen-Salat
Dienstag, Abendessen ▶ 1 Portion Gurken-Forellen-Salat

Griechischer Hirsesalat

Für 1 Portion Hirsesalat + Zucchinifüllung (200 g) für Gebackene Zucchini S. 112
Pro Portion Hirsesalat: 563 kcal / 52,1 g KH / 21,6 g P / 28,4 g F

- 100 g Hirse
- 200 ml Wasser
- 150 g bunte Kirschtomaten
- 50 g Oliven, z. B. Kalamata
- 100 g Schafskäse/Feta leicht, 9 %
- ½ rote Zwiebel
- ½ Bund Petersilie
- 2 EL Öl, z. B. Olivenöl
- 1 EL Zitronensaft
- Salz

1. Hirse heiß waschen und in einem Topf mit 200 ml Wasser aufkochen. Hitze reduzieren und ca. 10 Min. köcheln lassen.
2. Kirschtomaten waschen, abtrocknen und halbieren.
3. Oliven halbieren. Feta mit den Händen zerkrümeln. Zwiebel schälen und fein hacken. Petersilie waschen, trocken schütteln und fein hacken.
4. Das Öl dazugeben und sämtliche Zutaten in einer großen Schüssel miteinander vermengen. Mit Salz abschmecken.

Tipps und Aufbewahrung:

Im Kühlschrank bis zu 4 Tage haltbar. Einfrieren möglich.
Hirse kann man auch durch Reis oder Quinoa ersetzen. Schmeckt kalt oder warm.

Folgende Mahlzeiten werden damit zubereitet (siehe Wochenplan 5, ab S. 96):
Montag, Abendessen ▶ 1 Portion Griechischer Hirsesalat
Donnerstag, Abendessen ▶ 200 g Griechischer Hirsesalat wird zu **Gebackene Zucchini mit Hirse-Füllung (S. 112)** weiterverarbeitet.

Gebackene Zucchini mit Hirsefüllung

Für 1 Portion
Pro Portion: 372 kcal / 26,4 g KH / 10,8 g P / 14,2 g F

1 Zucchini, ca. 400 g
2 EL Tomatenmark
Salz, Pfeffer
200 g Griechischer Hirsesalat (S. 111)

1. Backofen auf 180 °C Umluft vorheizen.
2. Zucchini waschen, trocken tupfen und der Länge nach halbieren. Mit einem Löffel aushöhlen. Gleichmäßig mit Tomatenmark bestreichen und würzen. Auf ein mit Backpapier ausgelegtes Blech legen und 20 Min. lang backen.
3. Die fertig gebackenen Zucchinihälften mit der Hirsemischung befüllen.

Tipps und Aufbewahrung:

Im Kühlschrank bis zu 4 Tage haltbar. Einfrieren möglich.

▸ **Gebackene Zucchini mit Hirsefüllung ist am Donnerstag als Abendessen geplant (siehe Wochenplan 5, S. 97).**

WOCHENPLAN 6

Samstag — Einkauf der Lebensmittel nach Bedarfsliste (S. 116)
Sonntag — Meal-Prep-Tag

	Frühstück	Mittagessen	Abendessen
Montag	2 Scheiben **Heidelbeer-Frühstücksbrot (S. 120)** mit jeweils 1 EL Frischkäse bestreichen, 1 Kiwi in Scheiben schneiden und die bestrichenen Brotscheiben damit belegen.	1 Portion **Tex-Mex-Mix (S. 122)** mit 200 ml **Tomatensauce (S. 124)**	⅔ vom **Gerösteten Blumenkohl (S. 128)** mit 200 ml **Tomatensauce (S. 124)**

1359 kcal	***312 kcal / 46g KH / 14g P / 5g F***	***628 kcal / 76g KH / 43g P / 15g F***	***419 kcal / 26g KH / 17g P / 25g F***
Dienstag	2 Scheiben **Apfel-Zucchini-Karotten-Frühstücksbrot (S. 120)** mit jeweils 1 EL Frischkäse bestreichen, 2 große Erdbeeren in Scheiben schneiden und die bestrichenen Brotscheiben damit belegen.	200 g gekochte Kartoffeln, 1 Portion **Bolognesesauce (S. 130)**	1 Portion **Tex-Mex-Mix (S. 122)** mit 200 ml **Tomatensauce (S. 124)**

1335 kcal	***266 kcal / 41g KH / 13g P / 4g F***	***441 kcal / 44g KH / 21g P / 20g F***	***628 kcal / 76g KH / 43g P / 15g F***

	Frühstück	Mittagessen	Abendessen
Mittwoch	2 Scheiben **Heidelbeer-Frühstücksbrot (S. 120)** mit jeweils 1 EL Frischkäse bestreichen, 1 Kiwi in Scheiben schneiden und die bestrichenen Brotscheiben damit belegen.	⅓ vom **Gerösteten Blumenkohl (S. 128),** 80 g gebratenes Hähnchenbrustfilet **(siehe Tex-Mex-Mix S. 122)** vermischen und 2 Weizen-Tortilla-Wraps damit füllen. Tipp: 100 ml **Tomatensauce (S. 124)** darauf verteilen.	⅓ vom **Chili sin Carne (S. 126),** 1 Vollkornbrötchen

1377 kcal	***312 kcal / 46g KH / 14g P / 5g F***	***624 kcal / 63g KH / 36g P / 24g F***	***441 kcal / 70g KH / 21g P / 8g F***
Donnerstag	2 Scheiben **Apfel-Zucchini-Karotten-Frühstücksbrot (S. 120)** mit jeweils 1 EL Frischkäse bestreichen, 2 große Erdbeeren in Scheiben schneiden und die bestrichenen Brotscheiben damit belegen.	⅔ vom **Chili con Carne (S. 127)**	300 g gekochte Kartoffeln mit 400 ml **Tomatensauce (S. 124)** vermischen.

1327 kcal	***266 kcal / 41g KH / 13g P / 4g F***	***623 kcal / 38g KH / 37g P / 34g F***	***438 kcal / 74g KH / 13g P / 12g F***

	Frühstück	Mittagessen	Abendessen
Freitag	1 Scheibe **Heidelbeer-** und 1 Scheibe **Apfel-Zucchini-Karotten-Frühstücksbrot (S. 120)** mit jeweils 1 EL Frischkäse bestreichen, 1 Kiwi in Scheiben schneiden und die bestrichenen Brotscheiben damit belegen.	1 Portion gekochter Reis (= 100 g) + 1 Portion **Bolognesesauce (S. 130)**	Chili-Wrap: 1 Weizen-Tortilla-Wrap mit ⅓ vom **Chili con Carne (S. 127)** befüllen.

1394 kcal	***313 kcal / 48 g KH / 14 g P / 8 g F***	***642 kcal / 87 g KH / 25 g P / 22 g F***	***439 kcal / 41 g KH / 23 g P / 19 g F***

Bedarfsliste

- ☐ 50 g Apfel
- ☐ 4 große Erdbeeren
- ☐ 125 g Heidelbeeren
- ☐ 3 Kiwis
- ☐ ½ Limette
- ☐ 800 g Blumenkohl
- ☐ 1 grüne Jalapeñoschote, optional
- ☐ 50 g Karotten
- ☐ 500 g Kartoffeln
- ☐ 2 rote Paprikaschoten
- ☐ 50 g Zucchini
- ☐ 5 Zwiebeln
- ☐ 100 g Salat, z. B. Endivien
- ☐ 2 Knoblauchzehen, optional
- ☐ 2 EL frisch gehackte Kräuter, z. B. Petersilie, Oregano, Basilikum
- ☐ 350 g Hackfleisch, z. B. gemischt
- ☐ 280 g Hähnchenbrustfilet
- ☐ 2 Eier
- ☐ 10 EL Frischkäse
- ☐ 100 g Halbfettmargarine
- ☐ 150 ml Milch, 1,5 %
- ☐ 200 g Reis (Rohgewicht)
- ☐ 3 Dosen Kidneybohnen (Abtropfgewicht ca. 255 g)
- ☐ 2 kleine Dosen Mais (Abtropfgewicht ca. 140 g)
- ☐ 4 Dosen gehackte Tomaten, ca. 1600 g
- ☐ 1 Vollkornbrötchen
- ☐ 3 Weizen-Tortilla-Wraps
- ☐ 250 g Dinkelvollkornmehl
- ☐ 5 EL Tomatenmark
- ☐ 75 g (Puder)Erythrit oder 3 EL Agavendicksaft
- ☐ ½ TL Natron
- ☐ 1 TL Backpulver
- ☐ 1 TL Gemüsebrühepulver
- ☐ 8 EL + 3 TL Öl, z. B. Olivenöl
- ☐ 1-1 ½ TL Honiglebkuchengewürz
- ☐ Salz, Pfeffer
- ☐ Gewürze nach Belieben, z. B. Cayennepfeffer, Curry, Kurkuma, Paprikapulver edelsüß oder rosenscharf, Chilipulver
- ☐ Getrocknete Kräuter nach Belieben, z. B. Basilikum, Oregano
- ☐ Tabascosauce, optional

Meal-Prep-Tag im zeitlichen Überblick

Meal-Prep-Zeit für Wochenplan 6: ca. 1 Std. 45 Min. (ohne Abkühlzeit)

Vorbereitende Arbeiten:
Die Vorbereitung ist für alle gedacht, die eine ganze Woche im Voraus planen möchten. Die hier genannten Verarbeitungsschritte werden auch in den jeweiligen Rezepten beschrieben, sodass Sie bei Bedarf jedes Gericht außerhalb Ihres Ernährungsplans kochen können.

10 Min.
Obst, Gemüse und Salat waschen.
- Apfel, Erdbeeren, Heidelbeeren, Jalapeñoschote, Karotten, Kartoffeln, Paprikaschoten und Zucchini waschen und abtrocknen.
- Blumenkohl waschen, trocken tupfen und in Röschen teilen.

Diese Arbeiten werden parallel ausgeführt:

45 Min. Frühstücksbrot (S. 120) zubereiten und 35–40 Min. im Ofen backen.	200 g (Rohgewicht) Reis kochen (= 2 Portionen): Reiskörner durchspülen und abtropfen lassen. Zusammen mit 1,2 l Wasser und 1 Prise Salz in einen Kochtopf geben und aufkochen lassen. Dann auf mittlere Hitze stellen und ohne Deckel und je nach Reissorte ca. 10–15 Min. köcheln lassen. In ein Sieb abgießen.	Tomatensauce (S. 124) zubereiten. Hähnchenbrustfilet siehe Tex-Mex-Mix (S. 122) anbraten. Endiviensalat waschen, trocken schleudern und in Streifen schneiden.
40 Min. Gerösteten Blumenkohl (S. 128) vorbereiten und 15–20 Min. im Ofen backen.	500 g Kartoffeln kochen: Kartoffeln waschen, schälen und in Stücke schneiden. Zusammen mit 1 l Wasser und 1 Prise Salz in einen Kochtopf geben und aufkochen lassen. Dann bei mittlerer Hitze ca. 20–25 Min. köcheln lassen. In ein Sieb abgießen.	Chili sin Carne (S. 126) zubereiten. ⅓ davon dann zu Chili con Carne (S. 127) weiterverarbeiten. Bolognesesauce (S. 130) zubereiten.

Alle zubereiteten Speisen abkühlen lassen!

10 Min.
Portionieren der Gerichte:
Folgende Gerichte bereits portionsweise in Behältern zusammenstellen (bitte beachten Sie dazu die Bilder vom Wochenplan S. 113–115) und im Kühlschrank aufbewahren oder einfrieren (bitte beachten Sie die Hinweise zu den Aufbewahrungsmöglichkeiten bei den einzelnen Rezepten):

- **Für Montagmittag und Dienstagabend:** Jeweils 1 Portion Tex-Mex-Mix fertigstellen (S. 122)
- **Für Montagabend:** ⅔ vom Gerösteten Blumenkohl (S. 128)
- **Für Dienstagmittag**: 1 Portion 200 g gekochte Kartoffeln, 1 Portion Bolognesesauce (S. 130)
- **Für Mittwochmittag**: ⅓ vom Gerösteten Blumenkohl (S. 128), 80 g gebratenes Hähnchenbrustfilet
- **Für Mittwochabend**: ⅓ vom Chili sin Carne (S. 126)
- **Für Donnerstagmittag**: ⅔ vom Chili con Carne (S.127)
- **Für Donnerstagabend**: 300 g gekochte Kartoffeln
- **Für Freitagmittag**: 1 Portion gekochter Reis, 1 Portion Bolognesesauce (S. 130)
- **Für Freitagabend:** ⅓ vom Chili con Carne (S. 127)

Die Tomatensauce kann man in Gläser oder Flaschen abfüllen und immer dann entnehmen, wenn sie für den Verzehr benötigt wird.
Nun alle Meal-Prep-Gerichte in Behälter verpacken und in den Kühlschrank oder falls gefriergeeignet in den Gefrierschrank stellen (für die Gerichte ab Tag 3 bei gefriergeeigneten Mahlzeiten empfohlen).

Die Rezepte der Woche

Frühstücksbrot als Heidelbeer- und Apfel-Zucchini-Karotten-Variante

Für 1 kleine Kastenform (= 10 Scheiben, pro Variante jeweils 5 Scheiben)
Pro Scheibe Heidelbeer-Variante: 115 kcal / 18,4 g KH / 4,5 g P / 2 g F
Pro Scheibe Apfel-Zucchini-Karotten-Variante: 116 kcal / 18,7 g KH / 4,6 g P / 2 g F

250 g Dinkelvollkornmehl
1 TL Backpulver
½ TL Natron
1 Prise Salz
1-1 ½ TL Honiglebkuchengewürz
100 g Halbfettmargarine
75 g (Puder)Erythrit oder 3 EL Agavendicksaft
2 Eier
150 ml Milch, 1,5 %
125 g Heidelbeeren
50 g Apfel
50 g Zucchini
50 g Karotten
Kastenform ca. 20 cm Länge

1. Backofen auf 180 °C Umluft vorheizen, Kastenform mit Backpapier auslegen, mittig mit Alufolie abgrenzen (hierfür Alufolie am besten mehrmals einschlagen).
2. Dinkelmehl, Backpulver, Natron, Salz und Honiglebkuchengewürz in einer Schüssel vermischen.
3. Margarine und Süßungsmittel schaumig schlagen, mit Eiern verquirlen. Zu den trockenen Zutaten hinzufügen. Milch untermischen. Teig in 2 Teile aufteilen.
4. Heidelbeeren waschen und abtrocknen, in eine Hälfte der Teigmasse einrühren und in die Kastenform füllen.
5. Apfel, Zucchini und Karotten waschen, Letztere schälen. Alles fein hobeln, in die andere Teighälfte mischen und dann in die noch leere Kastenformhälfte geben.
6. In den Backofen stellen und ca. 35–40 Min. backen. Sollte das Brot während der Backzeit zu dunkel werden, mit Alufolie abdecken. Mit Stäbchenprobe feststellen, ob der Teig bereits fertig gebacken ist.
7. Bei geschlossener Ofentür weitere 5 Min. ruhen lassen.

Tipps und Aufbewahrung:

Im Kühlschrank bis zu 6 Tage haltbar. Zum Einfrieren geeignet. Dazu am besten in Scheiben schneiden und mit Backpapier oder Frischhaltefolie trennen. So sind die Scheiben einzeln entnehmbar.

Folgende Mahlzeiten werden damit zubereitet (siehe Wochenplan 6, ab S. 113):

Montag und Mittwoch, Frühstück ▶ Jeweils 2 Scheiben Heidelbeer-Frühstücksbrot mit Belag

Dienstag und Donnerstag, Frühstück ▶ Jeweils 2 Scheiben Apfel-Zucchini-Karotten-Frühstücksbrot mit Belag

Freitag, Frühstück ▶ 1 Scheibe Heidelbeer-Frühstücksbrot, 1 Scheibe Apfel-Zucchini-Karotten-Frühstücksbrot mit Belag

Tex-Mex-Mix

Für 2 Portionen
Pro Portion: 540 kcal / 65 g KH / 40 g P / 10 g F

2 EL Öl, z. B. Olivenöl
200 g Hähnchenbrust (+ 80 g für Hähnchen-Blumenkohl-Wraps S. 114)
Salz, Pfeffer
Paprikapulver rosenscharf oder edelsüß nach Belieben
100 g Salat, z. B. Endivien
1 Dose Kidneybohnen (Abtropfgewicht ca. 255 g)
1 kleine Dose Mais (Abtropfgewicht ca. 140 g)
1 Portion Reis, gekocht (siehe Meal-Prep-Abschnitt 1), Rohgewicht 100 g
½ Limette
1 grüne Jalapeñoschote, optional

1. Olivenöl in einer Pfanne erhitzen. Hähnchenbrust säubern, in mundgerechte Stücke schneiden, mit Salz, Pfeffer und Paprikapulver würzen, bei mittlerer Hitze unter mehrmaligem Wenden anbraten. Dann 80 g davon für die Hähnchen-Blumenkohl-Wraps aus der Pfanne nehmen und beiseitelegen.
2. Salat waschen und in kleine Streifen schneiden.
3. Für das Tex-Mex Kidneybohnen, Mais, gebratene Hähnchenstücke, Reis und Salat in 2 Behälter einschichten.
4. Limette waschen und in Stücke schneiden. Vor dem Verzehr jeweils den Saft ausdrücken und über das Gericht verteilen.

Tipps und Aufbewahrung:

1 grüne Jalapeñoschote in Scheiben schneiden und hinzufügen.
Im Kühlschrank bis zu 5 Tage haltbar. Zum Einfrieren geeignet (außer Salat). Dazu schmeckt Salsa oder Tomatensauce. Zu diesem Gericht passt die **Tomatensauce (S. 124)**, die man für den Tex-Mex-Mix noch mit etwas Cayennepfeffer und Tabascosauce nachwürzen kann.

Folgende Mahlzeiten werden damit zubereitet (siehe Wochenplan 6, ab S. 113):

Montag, Mittagessen ▶ 1 Portion Tex-Mex-Mix mit 200 ml **Tomatensauce (S. 124)**

Dienstag, Abendessen ▶ 1 Portion Tex-Mex-Mix mit 200 ml **Tomatensauce (S. 124)**

Mittwoch, Mittagessen ▶ 80 g Hähnchenbrustfilet werden zu **Hähnchen-Blumenkohl-Wraps (S. 114)** weiterverarbeitet.

Tomatensauce

Für ca. 1800 ml
Pro 100 ml: 44 kcal / 6 g KH / 2 g P / 1 g F

- 2 Zwiebeln
- 2 Knoblauchzehen, optional
- 3 EL Öl, z. B. Olivenöl
- 5 EL Tomatenmark
- 4 Dosen gehackte Tomaten, ca. 1600 g
- Salz, Pfeffer
- 1 TL Gemüsebrühepulver
- 2 EL frisch gehackte Kräuter, z. B. Petersilie, Oregano, Basilikum
- Gewürze nach Belieben, z. B. Paprikapulver edelsüß, rosenscharf und Chilipulver

1. Zwiebeln und Knoblauchzehen abziehen und klein hacken.
2. Öl in einem Topf erhitzen, Schalotten- und Knoblauchstücke mit Tomatenmark andünsten.
3. Restliche Zutaten hinzufügen und 10 Min. köcheln lassen. Falls eine weniger stückige Konsistenz gewünscht ist, bis zur gewünschten Beschaffenheit pürieren.

Tipps und Aufbewahrung:

Im Kühlschrank bis zu 6 Tage haltbar. Zum Einfrieren geeignet.

Die Sauce immer mit einem sauberen Löffeln entnehmen oder ausgießen, damit die Haltbarkeit nicht beeinträchtigt wird.

Die Sauce wird an folgenden Tagen zu den jeweils geplanten Mahlzeiten hinzugefügt (siehe Wochenplan 6, ab S. 113):

Montag, Mittagessen ▶ 200 ml Tomatensauce zum **Tex-Mex-Mix (S. 122)**

Montag, Abendessen ▶ 200 ml Tomatensauce zum **Gerösteten Blumenkohl (S. 128)**

Donnerstag, Abendessen ▶ 400 ml Tomatensauce werden mit 300 g gekochten Kartoffeln vermischt.

500 ml Tomatensauce werden zu **Chili sin Carne (S. 126)** und 400 ml zur **Bolognese-Sauce (S. 130)** weiterverarbeitet.

Chili sin Carne

Für 3 kleine Portionen
Pro Portion: 313 kcal / 42 g KH / 16 g P / 7 g F

1 Zwiebel
2 rote Paprikaschoten
1 TL Öl, z. B. Olivenöl
500 ml Tomatensauce (S. 124)
Salz, Pfeffer
Paprikapulver edelsüß oder rosenscharf nach Belieben
Getrocknete Kräuter nach Belieben, z. B. Basilikum, Oregano
2 Dosen Kidneybohnen à 255 g Abtropfgewicht

1. Zwiebel abziehen und klein hacken.
2. Paprikaschote waschen, abtrocknen, entstielen und entkernen, dann in kleine Stücke schneiden.
3. Öl in einer Pfanne erhitzen, Zwiebel- und Paprikastücke darin anbraten.
4. Tomatensauce hinzufügen und würzen. Nach Belieben Kräuter hinzufügen und ca. 15 Min. bei mittlerer Hitze köcheln lassen.
5. Kidneybohnen dazugeben und vermengen.
6. Mit Gewürzen abschmecken und in 3 Portionen aufteilen.

Tipps und Aufbewahrung:

Im Kühlschrank bis zu 6 Tage haltbar. Zum Einfrieren geeignet.

Folgende Mahlzeiten werden damit zubereitet (siehe Wochenplan 6, S. 113):
Mittwoch, Abendessen ▶ 1 Portion Chili sin Carne, 1 Vollkornbrötchen
2 Portionen Chili sin Carne werden zu **Chili con Carne (S. 127)** weiterverarbeitet.

Chili con Carne

Pro ⅔-Portion: 623 kcal / 38 g KH / 37 g P / 34 g F
Pro ⅓-Portion: 312 kcal / 19 g KH / 19 g P / 17 g F

1 TL Öl, z. B. Olivenöl
200 g Hackfleisch, z. B. gemischt
Salz, Pfeffer
Paprikapulver edelsüß und rosenscharf nach Belieben
2 Portionen oder $^2/_3$ des Chili sin Carne (S. 126)
1 kleine Dose Mais (Abtropfgewicht ca. 140 g)
Cayennepfeffer nach Belieben
Chilipulver nach Belieben
Tabascosauce, optional

1. Öl in einer Pfanne erhitzen, Hackfleisch darin krümelig anbraten. Mit Salz, Pfeffer und Paprikapulver würzen.
2. Chili sin Carne und Mais hinzufügen. Circa 5 Min. bei mittlerer Hitze vermengen. Mit Cayennepfeffer, Chilipulver und bei Bedarf mit Tabascosauce abschmecken.

Tipps und Aufbewahrung:

Im Kühlschrank bis zu 6 Tage haltbar. Zum Einfrieren geeignet.

Folgende Mahlzeiten werden damit zubereitet (siehe Wochenplan 6, ab S. 114):
Donnerstag, Mittagessen ▶ ⅔ Portion Chili con Carne
Freitag, Abendessen ▶ ⅓ Portion Chili con Carne wird als Füllung eines Wraps verwendet.

Gerösteter Blumenkohl

Pro ⅔-Portion: 331 kcal / 15 g KH / 14 g P / 20 g F
Pro ⅓-Portion: 166 kcal / 8 g KH / 7 g P / 10 g F

800 g Blumenkohl
1 Zwiebel
3 EL Öl, z. B. Olivenöl
Salz, Pfeffer
Kurkuma oder Curry nach Belieben
Paprikapulver edelsüß oder rosenscharf nach Belieben

1. Backofen auf 180 °C Umluft vorheizen.
2. Blumenkohl säubern und in kleine Stücke schneiden.
3. Zwiebel abziehen und kleiner schneiden.
4. In einer Schüssel Öl mit Gewürzen vermischen. Blumenkohlstücke und Zwiebeln hinzufügen und alles gut vermengen.
5. Die Mischung auf ein mit Backpapier ausgelegtes Backblech verteilen und nochmals gut würzen.
6. In den Ofen schieben und 15–20 Min. rösten.

Tipps und Aufbewahrung:

Im Kühlschrank bis zu 5 Tage haltbar. Zum Einfrieren geeignet.

Folgende Mahlzeiten werden damit zubereitet (siehe Wochenplan 6, ab S. 113):
Montag, Abendessen ▶ ⅔ des Blumenkohls werden mit der **Tomatensauce (S. 124)** kombiniert.
Mittwoch, Mittagessen ▶ ⅓ des Blumenkohls wird für die **Hähnchen-Blumenkohl-Wraps (S. 114)** verwendet.

Bolognesesauce

Für 2 Portionen
Pro Portion: 290 kcal / 13 g KH / 17 g P / 20 g F

1 Zwiebel
1 TL Öl, z. B. Olivenöl
150 g Hackfleisch, z. B. gemischt
Salz, Pfeffer
Paprikapulver edelsüß nach Belieben
400 ml Tomatensauce (S. 124)

1. Zwiebel abziehen und klein hacken.
2. Öl in einer Pfanne erhitzen, Zwiebelstücke und Hackfleisch darin anbraten. Mit Salz, Pfeffer und Paprikapulver würzen.
3. Tomatensauce hinzufügen und ca. 10 Min. bei mittlerer Hitze köcheln lassen.

Tipps und Aufbewahrung:

Im Kühlschrank ca. 5 Tage haltbar. Am besten heiß in Gläser abfüllen und nach dem Abkühlen in den Kühlschrank stellen. Zum Einfrieren geeignet.
Vielfältig kombinierbar, z. B. mit Gemüse, Gemüsenudeln oder Nudeln.

Folgende Mahlzeiten werden damit zubereitet (siehe Wochenplan 6, S. 113):
Dienstag, Mittagessen ▶ 1 Portion Bolognesesauce, 1 Portion gekochte Kartoffeln (= 200 g)

Zusatzrezepte und Kombi-Ideen

Müsliriegel

Für 12 Stück
Pro Portion: 103 kcal / 12 g KH / 3,1 g P / 4,6 g F

40 g Rosinen
200 g Granola, z. B. S. 64
1 TL Zimt
180 g Apfelmus, ungezuckert

1. Backofen auf 160 °C Umluft vorheizen.
2. Rosinen hacken und mit den anderen Zutaten in einer Schüssel vermengen.
3. Ein Backblech mit Backpapier auslegen und die Masse darauf gleichmäßig und in rechteckiger Form verteilen, sodass die Masse überall eine Dicke von etwa ½ cm aufweist.
4. Im Ofen etwa 30 Min. lang backen. Gut auskühlen lassen und mit einem Messer in Riegel schneiden. Im Kühlschrank in einem luftdichten Gefäß aufbewahren.

Tipps und Aufbewahrung:

Im Kühlschrank mindestens 7 Tage haltbar.
Zum Einfrieren geeignet.
Wie das Granola auf S. 64 mit Kernen, gehackten Nüssen, Saaten oder Nussmus variierbar.

Haferflockenmuffins

Für 10 Stück
Pro Stück: 127 kcal / 16,2 g KH / 5,9 g P / 3,8 g F

150 g Dinkelvollkornmehl
70 g zarte Haferflocken + 2 EL zum Bestreuen
1 TL Backpulver
½ TL Natron
1 TL Zimt
1 Prise Salz
125 g Magerquark, 0,2 %
200 ml Milch, 1,5 % oder ungesüßte Mandelmilch
50 g Halbfettmargarine
1 Ei
10 Silikon-Muffinformen

1. Backofen auf 180 °C Umluft vorheizen. Muffinformen mit kaltem Wasser ausspülen, trocken schütteln.
2. Dinkelmehl, Haferflocken, Backpulver, Natron, Zimt und Salz vermischen.
3. Magerquark, Milch, Margarine und Ei hinzufügen und verrühren.
4. Den Teig in die Förmchen verteilen und 20–25 Min. im Ofen backen.
5. Mit Haferflocken bestreuen.

Tipps und Aufbewahrung:

Im Kühlschrank bis zu 6 Tage haltbar. Vielfältig verwendbar, z. B. zu Suppen, Fleischspießen und Gemüsegerichten. Die Muffins kann man auch gut mit Aufstrichen, Wurst, Käse und Eiern belegen oder bestreichen. Sie passen gut zum Frühstück oder Abendessen.

Kokos-Aprikosen-Energiebällchen

Für 12 kleine Bällchen
Pro Stück: 58 kcal / 6,6 g KH / 1 g P / 2,7 g F

50 g Aprikosen, getrocknet
3 EL Kokosraspel
80 g Haferflocken
1 Banane
1 EL Kokosöl

1. Aprikosen klein hacken. 2 EL Kokosraspel in einen tiefen Teller geben.
2. Restliche Zutaten gut verkneten und zu 12 kleinen Bällchen formen. Bällchen in Kokosraspeln wälzen.

Tipps und Aufbewahrung:

Im Kühlschrank ca. 6 Tage haltbar. Zum Einfrieren geeignet.

Overnight-Oats-Varianten

3 Portionen in unterschiedlichen Varianten
Pro Portion einer Variante:
Erdbeer: 414 kcal / 45,9 g KH / 24,9 g P / 11,6 g F
Kiwi-Granny-Smith: 452 kcal / 55,9 g KH / 24,8 g P / 11,6 g F
Banane-Gala-Royal: 491 kcal / 63,6 g KH / 25,2 g P / 11,6 g F

150 g zarte Haferflocken
600 ml Milch, 1,5 %, oder ungesüßte Mandelmilch
180 g Skyr oder Magerquark
3 TL Saaten nach Belieben, z. B. Chiasamen, Leinsamen
1 ½ TL Honig oder Süßungsmittel nach Belieben
80 g Erdbeeren
½ Kiwi
½ Apfel Granny Smith
½ Banane
½ Apfel Gala Royal
3 Schraubgläser mit einem Fassungsvermögen von ca. 500 ml

1. Jeweils 50 g Haferflocken, 200 ml Milch, 60 g Skyr, 1 TL Saaten und ½ TL Süßungsmittel in ein Schraubglas geben und verrühren. Daraus ergeben sich 3 Gläser Overnight-Oats-Grundmischung. Mindestens über Nacht im Kühlschrank quellen lassen.
2. Am jeweiligen Verzehrtag eine der Varianten zubereiten:
   Erdbeer: Erdbeeren waschen, mit einer Gabel zerdrücken oder in einer hitzebeständigen Form auf höchster Stufe 1–2 Min. in der Mikrowelle erhitzen. Dann in 1 Glas Overnight-Oats-Mischung einrühren.
   Kiwi-Granny Smith: Apfel waschen, entkernen und in dünne Schnitze schneiden. Kiwi schälen und in Scheiben schneiden. 1 Glas Overnight-Oats-Mischung damit belegen.
   Banane-Gala Royal: Banane schälen und in Scheiben schneiden. Apfel waschen, entkernen und in dünne Schnitze schneiden. 1 Glas Overnight-Oats-Mischung damit belegen.

Tipps und Aufbewahrung:

Nach Belieben mit Kernen, Saaten oder gehackten Nüssen bestreuen.

Im Kühlschrank bis zu 3 Tage haltbar.

Das restliche Obst tagsüber zum Snacken verwenden.

Nudelsalat und Obstbox to go

Für 2 Portionen
Pro Portion Obstbox: 170 kcal/ 30,3 g KH/ 3,4 g P/ 1,8 g F
Pro Portion Nudelsalat (ohne Dressing): 461 kcal/ 43,3 g KH/ 27,8 g P/ 20,9 g F

100 g Nudeln, z. B. Muschelnudeln (Rohgewicht)
1 Apfel, z. B. Royal Gala
100 g Heidelbeeren
2 EL Zitronensaft
1 Kiwi
2 Mandarinen
2 Scheiben Vollkorntoast oder -brot
60 g Blattspinat oder Salat nach Wahl
2 Kirschtomaten
1 Avocado, ca. 160 g Fruchtfleisch
1 Dose Thunfisch in eigenem Saft (abgetropft, ca. 150 g)
Salz, Pfeffer,
1 Prise Oregano, getrocknet

1. Nudeln nach Packungsanleitung in gesalzenem Wasser garen, dann abseihen und abkühlen lassen.
2. Währenddessen die Obstboxen mit Brot vorbereiten. Dazu Apfel und Heidelbeeren waschen und abtrocknen. Apfel in kleine Schnitze schneiden und mit 1 EL Zitronensaft vermischen.
3. Kiwi schälen und in Scheiben schneiden.
4. Mandarinen schälen und Spalten abzupfen.
5. Toastbrot toasten oderm falls Panini-Grill vorhanden, kurz angrillen, danach quer in Dreiecke schneiden.
6. In 2 Behälter jeweils Obst und getoastetes Brot einschichten.
7. Blattspinat waschen und abtropfen lassen bzw. trocken schleudern.
8. Tomaten waschen und in Viertel schneiden.

9. Avocado schälen und entkernen, dann in Spalten schneiden und mit 1 EL Zitronensaft beträufeln.
10. Thunfisch mit einer Gabel in Stücke teilen.
11. Vollständig abgekühlte Nudeln mit den restlichen Salatzutaten, Salz, Pfeffer und Oregano in 2 Behältern vermischen. Am Verzehrtag Dressing hinzufügen und nochmals gut vermischen.

Tipps und Aufbewahrung:

Im Kühlschrank bis zu 2 Tage haltbar. Das Dressing erst kurz vor bzw. am Tag des Verzehrs einfüllen. Sobald Salat gewaschen ist, sollte er innerhalb von 2–3 Tagen verzehrt werden. Am besten man schleudert ihn in einer Salatschleuder sehr trocken. Dressing nach Belieben hinzufügen. Gut dazu passen die **Dressings** ab **S. 148.** Anstatt Thunfisch aus der Dose kann man auch **Gebratenes Lachsfilet (S. 33)** verwenden. Das Brot wird als Beilage zum Nudelsalat gegessen, die Obstmischung eignet sich gut als Nachspeise oder Zwischensnack.

Couscous-Gemüse-Mix to go

Für 2 Portionen
Pro Portion: 491 kcal / 72 g KH / 17,3 g P / 11,9 g F

120 g Couscous (Rohgewicht)
300 g Brokkoli
300 g Kürbis
Salz
1 Aubergine, ca. 250 g
Pfeffer
1 EL + 2 TL Öl, z. B. Olivenöl
1 Tomate
2 EL Essig, z. B. Balsamico bianco
1 Prise Erythrit bzw. Süßungsmittel nach Belieben

1. Couscous nach Packungsanleitung mit gekochtem Wasser übergießen und quellen lassen.
2. Brokkoli putzen und in Röschen teilen.
3. Kürbis schälen, entkernen und in Würfel schneiden.
4. 1 ½ Liter Wasser zum Kochen bringen und salzen. Brokkoli und Kürbis darin ca. 10–12 Min. garen. Danach am besten in Eiswasser abschrecken und abseihen.
5. Währenddessen Aubergine waschen, abtrocknen und in ca. ½ cm dicke Scheiben schneiden. Von beiden Seiten gut mit Salz und Pfeffer würzen.
6. 1 EL Öl in einer Grillpfanne erhitzen und die Scheiben von beiden Seiten anbraten.
7. Tomate waschen und in Viertel schneiden.
8. Couscous, Brokkoli und Kürbisstücke auf 2 Behälter verteilen. Jeweils 1 TL Öl und 1 EL Essig und Süßungsmittel nach Wahl hinzufügen, würzen und gut vermischen.
9. Danach die gegrillten Auberginenscheiben und die Tomatenstücke auf die 2 Behälter verteilen.

Tipps und Aufbewahrung:

Im Kühlschrank bis zu 3 Tage haltbar. Brokkoli und Kürbis in größerer Menge kann man separat in 2 Töpfen kochen und dann mit etwas Gemüsebrühe zu Brokkoli- oder Kürbissuppe verarbeiten. Anstatt Kürbis eignen sich auch Süßkartoffeln.

Bunte Gemüse-Hähnchen-Pasta

Für 2 Portionen
Pro Portion: 573 kcal / 48,5 g KH / 57,1 g P / 13,7 g F

60 g Dinkelvollkorn-Spiralen
150 g Hähnchenbrustfilet
Salz, Pfeffer
1 TL Öl, z. B. Olivenöl
100 g Zucchini
½ rote Paprikaschote
125 g Brokkoli
5 Cocktailtomaten
2 Stängel Basilikum
20 g geriebener Parmesan

1. Dinkelnudeln laut Packungsanleitung zubereiten. Kochwasser bis auf ⅓ abseihen.
2. Hähnchenbrust in mundgerechte Stücke schneiden, mit Salz und Pfeffer würzen. Öl in einer Pfanne erhitzen und die Hähnchenstücke anbraten.
3. Zucchini waschen, in kleine Würfel schneiden. Paprika waschen, entkernen, in Streifen schneiden und diese nochmals halbieren. Zu den Hähnchenstücken in die Pfanne geben und mitbraten.
4. Brokkoli putzen, in Röschen schneiden, zusammen mit den Tomaten blanchieren. Dafür Wasser in einem Topf zum Kochen bringen, eine Prise Salz einrühren. Brokkoliröschen und Cocktailtomaten hinzufügen. 1 ½ Min. köcheln lassen. Wasser abseihen und in Eiswasser ca. 30 Sek. abschrecken, dann abschöpfen.
5. Spiralen mitsamt Nudelwasser in die Hähnchenpfanne geben. Brokkoli und Tomaten beimengen. Einköcheln lassen.
6. Basilikum waschen, trocken schütteln und Blätter zupfen.
7. Alles mit Salz und Pfeffer abschmecken. Mit Parmesan und Basilikum servieren.

Tipps und Aufbewahrung:

Im Kühlschrank bis zu 3 Tage haltbar.

150 g Hähnchenbrust mehr mitbraten und z. B. als Hähnchen-Wrap (S. 142) in der gleichen Woche einplanen. Auch das Kochen der Dinkelvollkorn-Spiralen aus diesem Rezept und der Champignon-Spinat-Pasta (S. 143) kann man verbinden. Dazu dann einfach 80 g Dinkelvollkorn-Spiralen mehr mitkochen.

Hähnchen-Wrap

Für 1 Portion

Pro Portion: 352 kcal / 26,3 g KH / 40,4 g P / 8,7 g F

1 TL Öl, z. B. Olivenöl
150 g Hähnchenbrustfilet
Salz, Pfeffer
2 Kirschtomaten
50 g Salatgurke
½ Zwiebel
30 g Salat, z. B. Pflücksalat
1 EL griechischer Joghurt, 2 %, oder Frischkäse
1 Weizen-Tortilla-Wrap

1. Öl in einer Pfanne erhitzen. Hähnchen säubern, in mundgerechte Stücke schneiden, mit Salz und Pfeffer würzen. Dann scharf anbraten.
2. Gemüse und Salat waschen und abtrocknen. Salat klein schneiden, Tomaten in Streifen und Gurke in Scheiben schneiden und nochmals halbieren. Zwiebel schälen, halbieren, Ringe abschneiden.
3. Joghurt mit Salz und Pfeffer verrühren. Bei Bedarf mit 1–2 EL Wasser glatt rühren.
4. Wrap mit Hähnchen und Gemüse belegen, mit Sauce beträufeln und einrollen.

Tipps und Aufbewahrung:

Hähnchenstücke sind bis zu 5 Tage im Kühlschrank haltbar und zum Einfrieren geeignet.

Restliche Zutaten möglichst am Verzehrtag hinzufügen. Lässt sich ideal mit anderen Hähnchengerichten kombinieren. Einfach etwas mehr Hähnchen mitbraten. Mit Salat mit rohem oder gekochtem Gemüse in einen Wrap füllen.

Champignon-Spinat-Pasta

1 Portion
Pro Portion: 563 kcal / 51,4 g KH / 25,3 g P / 26,6 g F

80 g Dinkelvollkorn-Spiralen
125 g Babyspinat
150 g braune Champignons
2 TL Olivenöl
Salz, Pfeffer
20 g geriebener Parmesan

1. Dinkelnudeln laut Packungsanleitung zubereiten, ⅓ des Kochwassers auffangen.
2. Spinat waschen, verlesen und abtropfen lassen
3. Champignons putzen, in Scheiben schneiden. In einer Pfanne mit 1 TL Olivenöl scharf anbraten, dabei mehrmals wenden.
4. Spinat sowie Nudeln mitsamt dem aufgefangenen Kochwasser hinzufügen, einköcheln lassen.
5. Das Gericht mit restlichem Olivenöl, Salz und Pfeffer abschmecken. Mit Parmesan servieren.

Tipps und Aufbewahrung:

Im Kühlschrank bis zu 3 Tage haltbar.
Das Kochen der Dinkelvollkorn-Spiralen aus diesem Rezept mit Bunte Gemüse-Hähnchen-Pasta (S. 140) zusammenlegen. Dazu dann einfach 60 g Dinkelvollkorn-Spiralen mehr mitkochen.

Currybulgur mit Zazikidip

1 Portion Currybulgur + 2 Portionen Zazikidip
Pro Portion Currybulgur: 250 kcal / 41 g KH / 6,6 g P / 5,1 g F
Pro Portion Zazikidip: 281 kcal/ 10,1 g KH/ 40 g P/ 8,6 g F

- 60 g Bulgur
- 1 TL gelbe Currypaste
- ½ TL Currypulver
- ½ TL Kurkuma
- Salz, Pfeffer
- 1 Stängel Basilikum
- 4 schwarze Oliven, ohne Stein
- 375 g Magerquark, 0,2 %
- 3-5 EL Wasser
- 150 g Salatgurke
- 180 g Feta light, 9 %

1. Bulgur laut Packungsanleitung zubereiten. Mit Currypaste, Currypulver und Kurkuma in einer Pfanne kurz anschwitzen. Mit Salz und Pfeffer abschmecken.
2. Basilikum waschen, trocken schütteln und grob hacken. Mit den Oliven zum Bulgur geben und alles vermischen.
3. Magerquark mit 3–5 EL Wasser glatt rühren.
4. Gurke waschen, hobeln, leicht ausdrücken. Feta zerbröckeln und mit der Gurke unter den Quark mischen. Nochmals mit Salz und Pfeffer abschmecken.

Tipps und Aufbewahrung:

Im Kühlschrank bis zu 5 Tage haltbar. Die Bulgur-Zubereitung lässt sich gut für das **Gefüllte Hähnchen auf Bulgur mit Salat und Obst (S. 90)** oder den **Bunten Bulgursalat (S. 92)** verwenden. Statt Bulgur eignen sich auch Quinoa, Couscous oder Reis.
Die 2. Portion Zazikidip kann man z. B. für Gemüse-Rohkost mit Dip einplanen.

Bunte Salate to go

Für 2 Portionen
Pro Portion (ohne Dressing): 277 kcal / 21,7 g KH / 24,9 g P / 8,3 g F

- ½ gelbe Paprikaschote
- ½ Salatgurke
- 8 Kirschtomaten
- ½ Karotte
- 50 g Brokkoli
- 50 g Salat, z. B. Zupfsalat
- 1 Stängel Petersilie
- 3 EL Mais aus der Dose
- 2 Gläser oder Behälter mit einem Füllvermögen von mind. 750 ml

1. Gemüse waschen und abtrocknen, Salat und Petersilie waschen, kleiner zupfen und trocken schleudern.
2. Paprika entstielen und Kerngehäuse entfernen, dann in Würfel schneiden. ⅓ der Gurke in Würfel schneiden, den Rest in Scheiben. 4 Kirschtomaten halbieren. Karotte waschen, schälen und in kleine Stifte hobeln. Brokkoli in Röschen teilen.
3. Gläser nach Belieben einschichten, z. B. Glas 1: Gurkenstücke, Mais, etwas Salat, 4 Kirschtomaten, Gurkenscheiben, Karottenstifte, Brokkoli und Petersilie; Glas 2: Brokkoli und Paprikawürfel, Tomatenhälften, Gurkenscheiben, Salat,
4. Mit Deckel verschließen und in den Kühlschrank stellen.

Tipps und Aufbewahrung:

Im Kühlschrank bis zu 3 Tage haltbar. Das Dressing erst kurz vor bzw. am Tag des Verzehrs einfüllen. Sobald der Salat gewaschen ist, sollte er innerhalb von 2–3 Tagen verzehrt werden. Am besten man schleudert ihn in einer Salatschleuder sehr trocken. Dressing nach Belieben hinzufügen, siehe **Dressings (ab S. 148).**

Meal-Prep-Mix vom Backblech

Für 2 Portionen
Pro Stück: 510 kcal / 37,7 g KH / 38,3 g P / 17 g F

1 kleine Süßkartoffel, ca. 200 g
1 Karotte, ca. 150 g
120 g Kirschtomaten
1 Zucchini, ca. 400 g
200 g Hähnchenbrustfilet
150 g TK-Erbsen
250 g TK-Rosenkohl
3 EL Öl (z. B. Olivenöl)
Salz, Pfeffer
Gewürze nach Belieben, z. B. Kreuzkümmel, Paprikapulver edelsüß oder rosenscharf
1 Bio-Zitrone

1. Backofen auf 180 °C Umluft vorheizen.
2. Süßkartoffel, Karotte, Kirschtomaten und Zucchini waschen und abtrocknen. Süßkartoffel und Karotte schälen und würfeln oder in Scheiben schneiden.
3. Hähnchenbrustfilet säubern und in Stücke und Streifen schneiden.
4. ½ Zucchini in Stücke schneiden, die andere Hälfte mit dem Spiralschneider oder Sparschäler zu Gemüsenudeln verarbeiten.
5. Hähnchen und Gemüse auf ein mit Backpapier ausgelegtes Backblech schichten.
6. Öl mit Gewürzen vermischen und alles damit beträufeln oder mit einem Pinsel bestreichen.
7. Zitrone waschen und in Scheiben schneiden. Die Scheiben auf dem Blech verteilen.
8. In den Ofen schieben und 20–25 Min. backen, bei Bedarf ein Mal wenden.

Tipps und Aufbewahrung:

Im Kühlschrank bis zu 4 Tage haltbar.

Die angegebene Menge kann man z. B. auf 4 Portionen erweitern, wenn man 200 g (Rohgewicht) Reis (= 2 Portionen) dazu kocht. So könnte man verschiedene Gerichte zusammenstellen und in 4 Behälter verteilen:

- Hähnchenstücke, Zucchini, Erbsen, Zucchininudeln und Rosenkohl
- Reis mit Süßkartoffeln, Karotten und Tomaten
- Hähnchenstreifen mit Süßkartoffeln, Karotten und Tomaten
- Reis mit Zucchini, Erbsen, Zucchininudeln und Rosenkohl

Dazu schmecken die **Weiße Kräutersauce (S. 54)**, **Tomatensauce (S. 124)** oder **Zazikidip (S. 144)**.

Dressings auf Vorrat

Joghurtdressing

Für 4 Portionen
Pro Portion: 102 kcal/ 3g KH / 3,8g P / 8,2g F

- 250g griechischer Joghurt, 2 %
- 4 EL Essig, z. B. Balsamico bianco
- 3 EL Öl, z. B. Olivenöl
- 1 EL gehackte Kräuter, z. B. Petersilie, Schnittlauch, Basilikum
- Salz, Pfeffer
- 1 Prise Erythrit oder Zucker
- 1 EL Zitronensaft

Alle Zutaten mixen, in eine Flasche oder ein Glas abfüllen und verschließen.

Tipps und Aufbewahrung:

Im Kühlschrank mindestens 6 Tage haltbar. Vor dem Verzehr nochmals im verschlossenen Behälter schütteln oder gut durchrühren.

Honig-Senf-Dressing

Für 3 Portionen
Pro Portion: 120 kcal / 7 g KH / 0,5 g P / 9,6 g F

40 ml Essig, z. B. Balsamico bianco
30 ml Öl, z. B. Olivenöl
2 EL Wasser
2 TL mittelscharfer Senf
2 TL flüssiger Honig
Salz, Pfeffer

Alle Zutaten mixen, in eine Flasche oder ein Glas abfüllen und verschließen.

Tipps und Aufbewahrung:

Im Kühlschrank mindestens 6 Tage haltbar. Vor dem Verzehr nochmals im verschlossenen Behälter schütteln oder gut durchrühren.

Zitronen-Dill-Dressing

Für 3 Portionen
Pro Portion: 83 kcal / 2,7 g KH / 2,2 g P / 7 g F

Saft von 1 Zitrone
100 g griechischer Joghurt, 2 %
2 EL Öl, z. B. Olivenöl
1 TL flüssiger Honig
1 EL mittelscharfer Senf
1 EL TK-Dill
Salz, Pfeffer

Alle Zutaten mixen, in eine Flasche oder ein Glas abfüllen und verschließen.

Tipps und Aufbewahrung:

Im Kühlschrank mindestens 6 Tage haltbar. Vor dem Verzehr nochmals im verschlossenen Behälter schütteln oder gut durchrühren.

Clevere Snackideen

Hier finden Sie Anregungen für kalorienarme Snacks bis 100 kcal:

1 Selleriestange (ca. 30 g)	6 kcal
100 g Kirschtomaten	17 kcal
½ Salatgurke (ca. 200 g)	24 kcal
100 g Blumenkohl	24 kcal
100 g Erdbeeren	32 kcal
100 g Brokkoli	34 kcal
1 Karotte (ca. 100 g)	39 kcal
100 g Heidelbeeren	42 kcal
100 g Himbeeren	43 kcal
1 Pfirsich (120 g)	47 kcal
50 g gebratenes Hähnchenbrustfilet	51 kcal
50 g Kochhinterschinken	54 kcal
1 Kiwi (90 g)	55 kcal
1 rote Paprikaschote	56 kcal
10 Mandeln	61 kcal
100 g Mango	62 kcal
100 g Skyr	63 kcal
100 g Kirschen	64 kcal
100 g Weintrauben	68 kcal
1 Apfel (130 g)	70 kcal
1 Nektarine (125 g)	70 kcal
100 g gegarte Kartoffeln	70 kcal
1 Joghurt natur, 1,5 % (120 g)	73 kcal
1 Birne (140 g)	73 kcal
100 g gegarte Süßkartoffel	86 kcal
1 gekochtes Ei (Größe M)	89 kcal

Tipp:

Aus gekochten Gemüseresten und Rohkostabschnitten (einfach etwas mehr Gemüse einkaufen und mit den Rezepten zubereiten) lassen sich in Kombination mit **Hummus (S. 72)** tolle Snackgläser zusammenstellen.

Snackboxen

Für 3 Portionen
Pro Portion: 128 kcal / 9,9 g KH / 5,6 g P / 6,7 g F

- 3 Stangen Stangensellerie, ca. 90 g
- 3 Karotten, ca. 300 g
- 90 g rote Weintrauben
- 3 gekochte Eier
- 3 EL Mandeln
- 3 Reiscracker oder Knäckebrote

1. Stangensellerie, Karotten und Weintrauben waschen und abtrocknen.
2. Selleriestangen putzen und in Stücke schneiden.
3. Karotten schälen und in Streifen schneiden.
4. Eier schälen und jeweils halbieren.
5. Alle Zutaten jeweils zu gleichen Teilen in 3 Behälter aufteilen.

Tipps und Aufbewahrung:

Im Kühlschrank bis zu 4 Tage haltbar.
Falls Sie gern snacken, sollten Sie sich für die Woche gesunde Snackboxen wie diese zusammenstellen. Auch hier können Sie beliebig variieren: geeignet sind z. B. Kirschtomaten, Gurkensticks, Kiwischeiben, Apfelschnitze (mit Zitronensaft beträufeln) und Beeren.

Rezeptverzeichnis mit Kalorienangabe

Mit Nudeln

Muffins, Brot und Brötchen

Salate

Bild- und Rezeptnachweis

S. 64–65: Granola (Rezept + Foto): Miriam Matin
S. 57, 66–67: Ofengemüse und Geröstete Paprika (Rezept + Foto): Miriam Matin
S. 68: Quinoa-Mischung (Rezept): Miriam Matin
S. 58, 69: Quinoa-Salat (Rezept + Foto): Miriam Matin
S. 59, 70: Gebackene Paprika mit Quinoa-Füllung (Rezept + Foto): Miriam Matin
S. 57, 71: Ofengemüsemix mit Quinoa (Rezept + Foto): Miriam Matin
S. 72: Hummus (Rezept): Miriam Matin
S. 58, 74: Ofengemüse-Hähnchen-Curry (Rezept + Foto): Miriam Matin
S. 57–59, 75: Paprikadip (Rezept + Foto): Miriam Matin
S. 57–59, 76–77: Eiweißbrötchen (Rezept + Foto): Miriam Matin
S. 84: Grüner Eiersalat (Rezept): Vanessa Faschingbauer, @vanessas.gymfood
S. 79, 86–87: Hähnchen auf Curry-Blumenkohlreis mit Brokkoli: (Rezept + Foto): Vanessa Faschingbauer, vanessas.gymfood
S. 78, 88–89: Tomaten-Blumenkohlreis mit Eier-Tomaten-Salat (Rezept + Foto): Vanessa Faschingbauer, @vanessas.gymfood
S. 90–91: Gefülltes Hähnchen auf Bulgur mit Salat und Obst (Rezept): Vanessa Faschingbauer, @vanessas.gymfood
S. 92: Bunter Bulgursalat (Rezept): Vanessa Faschingbauer, @vanessas.gymfood
S. 78, 93: Süßer Blumenkohlreis-Pudding mit Mango und Kiwi (Rezept + Foto): Vanessa Faschingbauer, vanessas.gymfood
S. 102–103: Chiapudding in verschiedenen Varianten (Rezept + Foto): Diana Ruchser, schwarzgrueneszebra.de
S. 96–97, 104: Fleischbällchen (Rezept + Foto): Diana Ruchser, schwarzgrueneszebra.de
S. 96, 105: Brokkoli-Karotten-Salat (Rezept+Foto): Diana Ruchser, schwarzgrueneszebra.de
S. 97, 106–107: Brokkoli-Creme-Suppe (Rezept + Foto): Diana Ruchser, schwarzgrueneszebra.de
S. 97, 108: Zucchini-Karotten-Auflauf (Rezept + Foto): Diana Ruchser, schwarzgrueneszebra.de
S. 97, 109: Zucchini-Nudeln mit Fleischbällchen und Tomatensauce (Rezept + Foto): Diana Ruchser, schwarzgrueneszebra.de
S. 96, 110: Gurken-Forellen-Salat (Rezept + Foto): Diana Ruchser, schwarzgrueneszebra.de
S. 96, 111: Griechischer Hirsesalat (Rezept + Foto): Miriam Matin
S. 97, 112: Gebackene Zucchini mit Hirsefüllung (Rezept + Foto): Miriam Matin
S. 120–121: Frühstücksbrot als Heidelbeer- und Apfel-Zucchini-Karotten-Variante (Rezept): Vanessa Faschingbauer, @vanessas.gymfood
S. 131: Müsliriegel (Rezept + Foto): Miriam Matin
S. 134–135: Overnight Oats, Varianten (Rezept): Vanessa Faschingbauer, @vanessas.gymfood
S. 140–141: Bunte Gemüse-Hähnchen-Pasta (Rezept): Vanessa Faschingbauer, @vanessas.gymfood
S. 142: Hähnchen-Wrap (Rezept): Vanessa Faschingbauer, @vanessas.gymfood
S. 143: Champignon-Spinat-Pasta (Rezept): Vanessa Faschingbauer, @vanessas.gymfood
S. 144 (oben): Currybulgur mit Zazikidip (Rezept + Foto): Vanessa Faschingbauer, @vanessas.gymfood

shutterstock.com:
S. 7: Bon Appetit, S. 9: Korelidou Mila; S. 10: udra11; S. 11: RossHelen; S. 12: MintImages, Dragan Grkic; S. 14: Pormezz; S. 15: Ulf Wittrock; S. 16: Tarasenko16Dima, Joe Gough, Artbox; S. 17: Itummy, Oleksandra Naumenko; S. 18: BravissimoS; S. 19: AnjelikaGr, Tatiana Vorona; S. 20: 3xy; S. 25: Ekaterina Kondratova, LARISA DUKA, Erhan Inga, Little Hand Creations, Hans Geel, Mehriban A; S. 26: MSPhotographic, Elena Veselova, zoryanchik, Nelli Syrotynska, Nataliya Arzamasova; S. 27: kostrez, Erhan Inga, Nataliya Arzamasova, zoryanchik; S. 32: Erhan Inga; S. 33: pearl 7; S. 34: ILEISH ANNA; S. 35: Ekaterina Kondratova; S. 36: LARISA DUKA; S. 37: Little Hand Creations; S. 38: zoryanchik, Elena Veselova; S. 41: Nataliya Arzamasova; S. 42: vkuslandia; S. 43: Life morning, Ekaterina Kondratova, leonori, Nina Firsova, stockcreations; S. 44: Life morning, Ekaterina Kondratova, Ivan Mateev, Daxiao Productions, Joshua Resnick, Alik Vladimirov; S. 49: Nina Firsova; S. 51: Life morning; S. 53: stockcreations; S. 55: leonori; S. 56: AS Food studio; S. 57: Prostock-studio, Africa Studio; S. 58: Prostock-studio, Katerina Belaya, Africa Studio, TanyaJoy; S. 59: JeniFoto, Gayvoronskaya_Yana; S. 73: Gayvoronskaya_Yana; S. 78: Edalin Photography, Liliya Kandrashevich, joanna wnuk; S. 79: JeniFoto, joanna wnuk, Opat Suvi, Timolina, Cesarz; S. 85: Liliya Kandrashevich; S. 91: Timolina; S. 92: Cesarz; S. 95: joanna wnuk; S. 96: La Pavla, Alona Cherniakhova; S. 97: Anna Mente, Real Grenon, rainbow33; S. 113: Stolyevych Yuliya, Elena Veselova, sarsmis, alfredo ravanetti; S. 114: Stolyevych Yuliya, Alexander Prokopenko, Igabriela, Liliya Kandrashevich, SAM THOMAS A; S. 115: Stolyevych Yuliya, siamionau pavel, Olga Nayashkova; S. 120: Randall Vermillion; S. 121: BarthFotografie; S. 123: Elena Veselova; S. 125: KarinaKlachuk; S. 126: Igabriela; S. 127: Liliya Kandrashevich; S. 129: sarsmis; S. 130: RcriStudio; S. 132: Anna_Pustynnikova; S. 133: Aris Setya; S. 135: Kiian Oksana; S. 137: Kiian Oksana; S. 139: Kiian Oksana; S. 141: Anna Shepulova; S. 142: Mateusz Gzik; S. 143: Liliya Kandrashevich; S. 144: Elena Shashkina; S. 145: Svetlana Cherruty; S. 147: Azra H; S. 148: Elena Veselova; S. 150: New Africa, Nina Firsova; S. 151: Fortyforks

Danksagung

Diana vom Blog **www.schwarzgrueneszebra.de** teilt auf ihrer Seite jede Woche leckere Low-Carb-Gerichte. Nicht nur schnelle Gerichte für jeden Tag, sondern auch Außergewöhnliches für die besonderen Momente oder den süßen Zahn. Ihr Motto lautet: Geht nicht gibt's nicht!

Es fehlt die Motivation, sich in die Küche zu stellen und etwas Gesundes zu kochen? Dass dem nicht so sein muss, zeigt **Vanessa F.** Wie man schnelle und vor allem eiweißreiche Gerichte und Süßspeisen zubereitet, zeigt sie auf ihrem Instagram-Account **@vanessas.gymfood**.

Über die Autorin

Veronika Pichl ist erfolgreiche Buchautorin zu den Themen Ernährung, Abnehmen, Bewegung und Glücklichsein. Sie entwickelt Ratgeber für den riva Verlag und den von ihr selbst gegründeten Happy Fit Food Verlag (www.happyfitfood.de). Im riva Verlag sind bereits zahlreiche erfolgreiche Kochbücher von ihr erschienen. Sie lebt mit ihrem Mann und ihren beiden Kindern im Nürnberger Land.

Zusätzliche Wochenpläne, eine Wochenplanvorlage zum Ausfüllen und Informationen zu den besten Meal Prep Behältern finden Sie unter https://happyfitfood.de/meal-prep.

Auch als **E-Book** erhältlich

160 Seiten
12,99 € (D) | 13,40 € (A)
ISBN 978-3-7423-0655-5

Veronika Pichl

Meal Prep Low Carb

Kohlenhydratarme Mahlzeiten vorbereiten, mitnehmen und Zeit sparen

Meal Prep endlich auch in Low Carb

In einem stressigen Alltag bleibt oft wenig Zeit für eine gesunde Ernährung. Kantinenessen, Snacks und Fast Food sind wahre Kohlenhydratbomben. Der neue Trend Meal Prep kann hier Abhilfe schaffen, denn er lässt sich auch kohlenhydratarm umsetzen: Mit sinnvoller Planung können Sie Low-Carb-Mahlzeiten vorkochen oder vorbereiten, die Sie dann zur Arbeit oder in die Uni mitnehmen und natürlich auch unterwegs oder abends zu Hause genießen können.

Durch clevere Wochen-, Tages- und Einkaufsplanung sparen Sie außerdem Zeit und wissen genau, was drin ist: gesunde, frische Zutaten ohne Geschmacksverstärker und Zusätze. Das Buch enthält zahlreiche Rezepte, 10 Wochenpläne und Einkaufslisten und zeigt Ihnen, wie Sie mit wenig Aufwand leckeres Essen für mehrere Tage zubereiten können. Mehr Informationen finden Sie unter:
www.low-carb-fans.de

riva